Aguas con el Caballo

Oral Histories from
Horizon Academy, Rikers Island

Aguas con el Caballo
Oral Histories from Horizon Academy, Rikers Island
Copyright © 2006
Student Press Initiative/Individual Authors

ISBN: 1-932948-28-7

Classroom Teacher: Theo Figeroa
SPI Curriculum Consultant: Erick Gordon and Patricia Cortes
Translations and Assistant Teaching: Sarah Moon

Student Press Initiative/MCPET
Teachers College, Columbia University
Box 182
525 West 120th Street
New York, NY 10027

www.publishspi.org

Acknowledgements

This project would not have been possible without the support and guidance of Horizon Academy's Principal, Ms. Gloria Ortiz and Deputy ExecutiveDirector, Francis Torres-Mendelson.

Additionally, we would like to offer our gratitude to Warden Larry Davis, Deputy Warden of Programs Hakim S. El-Quhir and Senior Superintendent Tim Lisante.

Furthermore, we would like to offer our gratitude to G.R.V.C. Site Coordinator, Leila Riley, Teachers Josh Gray and Freebbie Rivera Jr., Officer Climent, Officer Robeson, Officer Martin, Assistant Chief Larry Davis, Guidance Councilor Cesar Vera, and Ronnye Hightower. At O.B.C.C., a special recognition goes out to Site Coordinator Juan Frias, Sandy Roter, Stacey Oliger and Mary Runyan.

Lastly, many thanks are owed to the officers, hard-working students and teachers at Horizon Academy.

Table of Contents

Prólogo (Spanish) . . . . *VII*
Foreword (English) . . . . *XI*
Theo Figueroa

Introducción (Spanish) . . . . *XV*
Introduction (English) . . . . *XXIII*
Patricia Cortes

Detrás de las Escaleras 1
Behind the Stairs 15
Yovani

Un Clavo para Siempre 29
Nailed in there forever 49
Tello

Saberla Vivir 67
Know how to live it 85
ID"PA"

Para que se me Bajara la Cruda 101
So I could keep it down 119
Greñas

Que le Echara Ganas! 137
Throw myself into it! 149
Arturo

Yo no Peleo, me Hacen Pelear 161
I Don't Fight, They Make me Fight 171
Enano

Aguas con el Caballo 181
Aguas con el Caballo 199
Popotes

Prólogo

Theo Figueroa

Profesor Bilingüe, Horizon Academy, Rikers Island

¿Qué son las historias orales? Consideradas en términos de su rol en la literatura, mi propia elaboración es que las historias orales sirven para transmitir nuestras vivencias, experiencias y tradiciones culturales de una generación a otra. Son aquellas historias que mi abuela solía contarme en mi niñez, historias que narraban hechos dulces, felices, historias llenas de lecciones sobre la vida.

Sin embargo, cuando trabajamos en la primera edición de las historias orales de nuestros estudiantes bilingües en Horizon Academy, mi experiencia fue tremendamente contrastante con la de mi infancia. En este libro, encontramos las historias de siete guerreros descendientes de las civilizaciones Aztecas, Incas, Mayas y Tainos. Estas historias describen meticulosamente la cruda y dolorosa realidad del inmigrante Latino en los Estados Unidos.

Para algunos lectores estas historias tal vez podrían aparecer como sacadas de algún libreto de Hollywood. Otros pensarán que son excelentes creaciones de ficción. Ninguna de esas suposiciones es correcta–la realidad es incluso más compleja y dolorosa de lo que nosotros quisiéramos imaginar. Esas siete historias sólo son un reflejo de los grandes sufrimientos y desafíos que inmigrantes Latino Americanos afrontan en su trayecto por los Estados Unidos. Es fácil hacerse un juicio sobre las difíciles situaciones que acontecen a los seres humanos encarcelados, sin embargo, sería injusto no tener en consideración que fue la pobreza la que motivó a estos jóvenes a traspasar las fronteras. Además, aunque las circunstancias de vida pueden haber conducido a estos jóvenes a la prisión, no podemos mirar a menos su valentía al tratar de mejorar la vida de sus familias y su procura por un mejor futuro para sí mismos.

Esta nación fue fundada con los principios de igualdad, justicia y el derecho a alcanzar la felicidad. Me pregunto qué pensarían los padres fundadores de la patria americana, acerca de la situación de los inmigrantes latinoamericanos contemporáneos, quienes no obstante servir como parte esencial e integral de la fuerza laboral, son marginados y privados de muchas de las oportunidades disponibles para otros. A pesar de estos obstáculos, los inmigrantes latinoamericanos de hoy día traen consigo un inquebrantable espíritu de trabajo y de lucha, heredados ambos de sus ancestros. Llegamos para triunfar y nada nos va a detener en nuestra búsqueda del gran sueño americano tan ambicionado por aquellos padres fundadores.

Es justamente por esto que en las siguientes páginas leeremos sobre sufrimientos, penas, abusos, dolores o fracasos. No obstante, también encontramos historias conmovedoras, llenas de valor, coraje, perseverancia y un inmenso reto que afrontan estos seres humanos por alcanzar una vida con dignidad. Recuerde cuando lea que estas historias son reales. Y nunca olvide que estos jóvenes autores se encuentran hoy en día privados de su libertad, una privación que fortalece su deseo por que sus historias sean escuchadas. Sus historias son testimonio de que el encarcelamiento no nos puede privar de ese espíritu heredado de nuestros ancestros. A través de este trabajo, estos siete jóvenes se convierten en líderes, en ejemplo para que otros jóvenes no decaigan en sus propios sueños. ¡Sí se puede!

Foreword

Theo Figueroa

Bilingual teacher, Horizon Academy

What are oral histories? Considered in terms of their role as literature, my own elaboration is that oral histories serve to transmit our experiences and cultural traditions from one generation to another. They are those histories that my grandmother used to tell me in my childhood, histories that narrated sweet facts, happy histories, full of the lessons of life.

But as we began our work towards publishing oral histories with bilingual students at Horizon Academy, my experience contrasted tremendously with those stories told to me by my grandmother. In the book you are about to read, you will find histories of seven soldiers of the Aztec civilizations, Incas, Mayas and Tainos. These histories meticulously describe the harsh, painful reality of the Latin American immigrant experience in the United States.

For some readers, these oral histories might appear as removed from reality as the stories of Hollywood. Others may think that they are excellent fictional creations. Neither of those assumptions is correct—sometimes reality is more complex and painful than we wish to imagine. These seven histories are only a small reflection of the great sufferings and challenges that Latin American immigrants have had to endure on their journey to the United States. Though it is easy to pass judgment when trying to understand the plight of an incarcerated human being, it would be unfair to isolate these young men from the poverty that motivated their crossing of the border. Though the circumstances of life may have led them to jail, we must not dismiss their courage in trying to better the lives of their family and to create a better future for themselves.

This nation was founded on the principles of equality, justice and the right to pursue happiness. I wonder what those founding fathers would think of the situation of the contemporary Latin immigrant, who despite serving as an essential and integral part of the labor force, is marginalized and deprived of many of the opportunities available to others. Yet despite these obstacles, the modern Latin immigrant has inherited the work ethic and the indomitable spirit of their ancestors. We arrived to prevail and we will never stop searching for the great American dream envisioned by those founding fathers.

So, in the following pages you will read of suffering, pain, abuses and failures—yet you will also find stirring stories, full of bravery, perseverance and success in confronting the challenges to procuring a life with dignity. Remember as you read that these stories are real. And never forget as you read, that our young authors are today deprived of their freedom, a deprivation that increase their desire to have their stories heard. These young men want to inspire those who follow after them. Their stories offer testimony that imprisonment cannot extinguish the spirit we inherited from our ancestors. Through this work, these seven young people become leaders, exhorting others not to falter in their search to realize their dreams. It can be achieved!

Introducción
Patricia Cortés

La presente publicación es la compilación de siete historias cortas acerca de vida de un grupo de estudiantes del *Horizon Academy*, adscrito al centro penitenciario de *Rikers Island*. Los autores son hombres, inmigrantes ilegales y se encuentran en un rango de edad entre 18 y 21 años. Seis de ellos son Mexicanos y otro es Colombiano.

Las características de nuestros autores hacen que todos los relatos estén marcados por una mirada que comparte un sesgo intensamente masculino, joven y Latino. Es una mirada parcial, pero proveniente de uno de los grupos que crece con mayor fuerza en Estados Unidos, y que también es el espejo de las carencias, oportunidades y desafíos que enfrenta hoy América Latina.

El perfil de los autores se trasluce en los tres temas que se reiteran: Por una parte, una referencia muy fuerte a la familia como espacio fundamental de socialización temprana. Por otra, su historia como inmigrante ilegal donde los autores nos comparten algunas de sus penurias y aventuras durante su desplazamiento. Finalmente, su proceso de integración a una sociedad ajena donde no se sienten acogidos, esto es, la evaluación que hacen los autores del impacto que tuvo sobre sí mismos su llegada a los Estados Unidos.

En el abordaje del tema de la familia, prima la voz del joven que identifica a sus orígenes como la causa de sus principales motivos de orgullo y satisfacción personal, pero también de tragedia y desencanto. En los relatos la pobreza y marginación aparecen como el sino que define las familias y las comunidades de nuestros jóvenes autores y es el motivo por el cual la gran mayoría de ellos han sido forzados a ingresar al mercado laboral a muy temprana edad. Además, algunos de ellos pertenecen a hogares disfuncionales, han sido víctimas y/o testigos directos de violencia intrafamiliar y en varios casos han tenido que aprender muy precozmente a tomar distancia afectiva de sus progenitores y sus familiares más cercanos.

No obstante, a pesar de estos conflictos, también escuchamos a nuestros autores reivindicando su familia e incluso mostrando un sentimiento de responsabilidad directa por la misma. Por ejemplo, Yovani siempre se ha sentido sólo en medio de sus hermanos y su familia y sin embargo, hoy en día, incluso desde la misma cárcel, él se ve a sí mismo pendiente de sus hermanas, preocupado porque ellas sigan lo que él llama el "buen camino". Popotes habla de su temprana conciencia acerca de la pobreza de su madre y de su reconocimiento al sacrificado trabajo doméstico que ella realiza, y de cómo ahora de adulto, él siente la obligación ética de proveerle a su familia y de garantizarle a sus hermanos los derechos que él mismo no tuvo. También encontramos relatos de lealtad absoluta frente a la familia, como el caso de ID"PA" para quien sus padres y hermanos no le deben nada y que, incluso ahora que está en la cárcel, ellos lo quieren más, se preocupan más y le demuestran aún más que están a su lado.

El tema de la migración aparece con gran fuerza y con un sesgo masculino que se refleja claramente en los condicionantes de género que típicamente recaen sobre los hombres y que socio–culturalmente los desafía a demostrar valentía y exponerse a riesgos y que además les asigna el rol de principales proveedores económicos de su familia. En el primer aspecto, sobresale la voz del joven hombre para quien la migración es vivida intensamente, con mucho sentimiento, exploración y aventura, casi como parte de su ritual de paso a la adultez. La decisión del desplazamiento se recupera como algo duro pero positivo y se relata con alegría. Arturo por ejemplo expresa que él no vino por necesidad material sino por su propia inquietud de explorar y conocer más allá de su propia tierra. Así mismo destaca la voz de Popotes quien con un lenguaje juguetón y humorístico nos presenta una gran cantidad de anécdotas sobre las aventuras y riesgos que enfrentó en su desplazamiento y llegada a los Estados Unidos.

El rol de proveedor de la familia lo vemos en cuanto la mayoría de nuestros autores declaran que su decisión de viajar se basó en una motivación económica, por la necesidad de superar la pobreza que han padecido y por su deseo de proveer un futuro mejor y mayor estabilidad económica para sus familias. Elocuentes en este sentido son los relatos de Tello, Greñas, Popotes y Enano quienes nos cuentan que el propósito de su desplazamiento hacia los Estados Unidos fue buscar trabajo para apoyar a sus padres o para hacerse cargo de sus parejas e hijos y por su urgencia de prosperar económicamente principalmente a través de la adquisición de una vivienda o el emprendimiento de un negocio, metas que aparecían difíciles e incluso imposibles de alcanzar en sus países de origen.

Un hecho a destacar es que las comunidades típicamente emisoras de migrantes valoran como exitosos en su travesía a quienes logran ciertos mínimos económicos, medidos en función de lo consolidado por otros aventureros. Esto es particularmente importante en el caso de los hombres. Por ejemplo, para Tello su sueño aparece como truncado dado que no ha logrado aún la adquisición de su propia casa; esto a pesar de que él relata haber enviado remesas para que su familia mejorara sustantivamente su vivienda y adquiriera un auto. ID"PA" nos dice que estará bien en Colombia porque vivirá en la casa de su madre, no obstante también deja traslucir cierta desilusión por no llegar a lo propio.

Finalmente, en el tema de la integración podemos escuchar con mayor fuerza la voz del Latino que se arriesga a cruzar la frontera en busca de mejores oportunidades económicas pero llega a un mundo hostil donde los paradigmas y simbolismos culturales le son totalmente ajenos y muy impermeables, y donde si bien es cierto, objetivamente existen oportunidades, la inserción al mercado laboral es bastante segmentada por las barreras culturales, por el estatus migratorio en que se encuentra, como también por las limitaciones en el manejo del idioma y por el bajo nivel de educación y restringida formación para el trabajo que caracteriza a este grupo poblacional.

Además, sabemos que la migración se alimenta a través de las redes de comunidades transnacionales, donde quienes se encuentran articulados al mercado laboral de la sociedad de acogida, motivan y reclutan nuevos trabajadores en sus comunidades de origen. No obstante, quienes arriban a este "nuevo mundo" no siempre reconocen a sus compatriotas –en muchos casos sus mismos hermanos o familiares directos– y les resultan ajenas sus prácticas cotidianas. En estas circunstancias, los jóvenes inmigrantes terminan afrontando una doble alienación: una física con respecto a su país y una cultural con respecto a la nueva sociedad donde se "insertan". Como consecuencia, las pandillas aparecen como la alternativa que les permite ese "sentimiento de pertenencia" que la sociedad no les ofrece. Leemos como para Greñas su hermano le resultaba extraño, Popotes que dice haberse puesto rebelde con el primo que lo acogió y Arturo recordaba a su hermano con cuerpo de muchacho y al llegar se encontró con un hombre ya con cuerpo de adulto.

En las calles, los jóvenes como nuestros autores, encaminan su actuar dentro de una lógica perversa de exclusión y autosegregación bien sea a través de las pandillas o su grupo cerrado de latinos, renunciando a su esfuerzo por hacerse parte de una sociedad que tampoco los acoge. De esta manera se genera un círculo vicioso que alimenta la mayor exclusión con una mayor autosegregación y marginación. En la calle y sus submundos, prevalece una ética de la lealtad de la amistad definida en el andar juntos para bien y para mal; ID"PA", por ejemplo, nos habla de su "panita Matutón" como su gran amigo, su aliado en la calle... "yo no pertenecía a su pandilla pero si le tiraban a él, yo tenía que tirar y si me tiraban a mí, pues él tiraba." No obstante esta lealtad se subordina a otros intereses o valores superiores, por ejemplo, en la lucha por conquistar un mercado negro o incluso por los designios de sus propias cohesiones. En este sentido, Yovani nos presenta a su supuesto actual enemigo como su gran amigo de otros tiempos, como su *Crime Partner*... "éramos dos pero éramos uno." En la lógica de la calle, hoy somos amigos pero mañana ¿quién sabe?

Estas tres voces del joven, hombre y latino las escuchamos al unísono cuando nuestros autores nos comparten su lado más reflexivo, profundo, casi filosófico. Por una parte, cuando hacen un análisis de su camino recorrido, a la hora de evaluar en qué actuaron mal y qué les queda de esos pasos. Por otra parte, estas voces también convergen a la hora de definir sus búsquedas para su futuro. Escuchamos a Greñas con mucho énfasis en su intensión de cambiar, de conciliarse y perdonar los dolores que le ha generado su relación con su madre, a Enano diciendo que tiene que luchar por sus dos hijas, a Arturo soñando con formar su hogar en su casa en México, a ID"PA" sabiendo que en su aterrizaje en Colombia va a ser difícil "no caer en lo mismo", a Yovani en su ideal de trabajar como traductor turístico en Cancún o Acapulco, y a Popotes y Tello sabiendo que su sueño aún está trunco y que incluso están dispuestos a "volver a meterse" por conseguir sus metas. Vemos a estos jóvenes autores haciendo su propia introspección, mirando hacia adentro como en búsqueda de su futuro, sabiendo que tienen a su favor sus sueños, su fuerza interior para creer en sí mismos y saber que sí es posible alcanzar sus metas. Vemos a estos jóvenes haciéndole honor a la verdad, soñando con un futuro sin negar su pasado, sino más bien reivindicándolo como la base desde la cual evalúan su historia, viven su presente y definen sus sueños y sus aspiraciones para el futuro.

Y es justamente de esta reflexión de dónde surge el título de la presente publicación, "Aguas con el Caballo". Hemos seleccionado un dicho Mexicano por cuanto la mayoría de nuestros autores es de este origen y porque, según el relato de Popotes, este "aguas con" significa "cuidado con" y no nos referimos a la cantidad de "aguas con" que sabemos que nuestros autores han recibido a lo largo de sus vidas, sino más bien a las advertencias que ellos nos hacen a nosotros como sociedad. Aguas con la política educativa y cultural que no necesariamente integra y refleja los valores e intereses de los jóvenes. Aguas con la política económica y de empleo en los países de origen que no generan oportunidades atractivas para estos muchachos, y en los países de acogida que permiten que se segmente el mercado de trabajo y se desarrollen relaciones laborales abusivas en contra de los inmigrantes, y aguas principalmente con la política de inmigración que hoy en día se encuentra en revisión en los Estados Unidos, en un duro debate entre mayor control versus mayor integración. Creemos que los jóvenes, protagonistas de la inmigración como lo son nuestros autores, tienen mucho más que aportarnos en este sentido.

Introduction
Patricia Cortes

This publication is the compilation of seven short stories from the lives of a group of students attending *Horizon Academy*, having been sent to Rikers Island. The authors are men, illegal immigrants and range in age from 18 to 21 years old. Six of them are Mexican and one is Colombian.

The characteristics of our authors mark each story with an intensely masculine, young, Latino slant. They provide only a partial view, but one which has its roots in one of the fastest growing groups in the United States, and holds up a mirror to the deficiencies, opportunities and challenges that Latin America faces today.

The profile of the authors is brought to light by the three common themes throughout: a forceful reference to the family as the fundamental space of early socialization; the story of the journey of an illegal immigrant in which the authors share stories of destitution and adventure; and finally, their process of integration into an unfamiliar society where they did not feel welcomed, that is, the conclusions drawn by the authors about the impact their arrival to the United States had on them.

Tackling the subject of family highlights the voice of the young person who identifies his origins as his main source of pride and personal satisfaction, but also of tragedy and disillusion. In the stories, poverty and marginalization appear as the sign that defines the families and communities of our young authors and as the reason for which the majority of them were forced to enter the labor market at a very young age. In addition, some of them belong to dysfunctional homes, they have been victims and/or direct witnesses of domestic violence, and in several cases, they have had to learn precociously to take affective distance from their ancestors and their closer relatives.

Nonetheless, in spite of these conflicts, we also listen to our authors defending their families and even showing feelings of direct responsibility for them. For example, Yovani always felt alone in the middle of his siblings and family; and nevertheless, these days, even from jail he sees himself as responsible for his sisters, worrying that they follow what he calls the "right path". Popotes speaks of his early consciousness of his mother's poverty and recognizes her sacrificed domestic work, and now that he's an adult, he feels the ethical obligation to provide his family and to guarantee to his siblings the rights that he did not have for himself. We find stories of absolute loyalty to the family, as in the case of ID"PA" according to whom, his parents and sibling owe him nothing, and now that he's in Rikers, they love him more, they worry about him more, and they show him that they are by his side now more than ever.

The subject of migration appears with great force and with a masculine slant that reflects the gender conditioning that typically befalls on men and that socioculturally challenges them to demonstrate bravery, to expose themselves to risk, and assigns them the roll of main family provider. At first, above all others else is the voice of the young man who lives the migration experience intensely, with profound feeling, exploration and adventure, almost like part of his rite of passage to adulthood. The decision to undertake the journey is recounted as something hard but positive and is retold with joy. Arturo, for example, expresses that he did not come out of material necessity out of his wanderlust and desire to know that which lay beyond his own homeland. This is precisely how the voice of Popotes stands out, as he, with a humorous and playful language, presents to us great many anecdotes of the adventures and risks he faced in his journey to and arrival in the United States.

We see the role of of family provider in the fact that most of our authors declare that their decision to travel was based on an economic motivation, the necessity to overcome the poverty that they have suffered and by their desire to provide a better future and greater economic stability for their families. Eloquent in this sense are the stories of Tello, Greñas, Popotes and Enano who tell us that the point of their journey towards the United States was to look for a work that would allow them to support their parents, to take good care of their partners and children, and also out of their own urgency to prosper economically through the acquisition of a house or the start of a business, goals that seemed difficult and even impossible to reach in their countries of origin.

Important to highlight is the fact that the communities typically producing immigrants value those who obtain certain economic minimums as successful in their venture according to that which has been consolidated by other adventurers. This is particularly important in the case of men. For example, for Tello his dream seems truncated since he has still not obtained the acquisition of his own house, despite the fact that he tells of sending remittances so that his family could substantially improve their home and acquire a car. ID"PA" tells us that although he will be living well in his mother's house in Colombia, he also lets us see a certain disappointment at not being able to arrive at his own place.

Finally, on the subject of integration we can listen to the force of the voice of the Latino who risks everything to cross the border in the search of better economic opportunities but arrives in a hostile world where the cultural paradigms and symbols are totally alien and very impermeable to him, and where, even though objectively good opportunities exist, the insertion to the labor market is barred by cultural obstacles, by their migratory status, and also by the limitations in the handling of the language and by the low level of education and restricted work-training that characterizes this population group.

In addition, we know that migration is encouraged through networks of transnational communities, where the welcomed ones joined up with the labor market of the receiving society, motivate and recruit new workers from their communities of origin. However, those who arrive at this "new world" do not always recognize their compatriots –in many cases their very same siblings or close relatives– and their practices seem strange to them. Under these circumstances, these young immigrants end up confronting a double alienation: a physical one with respect to their country and a cultural one with respect to the new society into which "they are inserted." As a consequence, the gangs present themselves as offering them that "feeling of belonging" that the society does not. We read how for Greñas his brother seemed foreign to him, Popotes, who says that he rebelled against the cousin that took him in and Arturo who had remembered his brother with the body of a boy and upon arriving found a man with an adult's body.

In the streets, young people like our authors, manage their lives with the perverse logic of exclusion and self–segregation, through the gangs or their own tightly–knit group of Latinos, resigning their effort to become part of a society that does not welcome them. This way a vicious circle is generated, and it feeds greater exclusion with a greater self–segregation and marginalization. In the street and its worlds, prevails an ethic of the friendship loyalty defined in walking together for good as for the bad; ID"PA", for example, tells us about Matutón, his great friend, his ally in the street… "I did not belong to his gang but if they played rough with him, I was there, and if they played rough with me, he was there." Even though this loyalty is subordinated to other interests or superior values, for example, the fight to conquer a black market or the aims of its own cohesions. In this sense, Yovani introduces us to his current enemy as his great friend in other times, his "*Crime Partner*"..."We were two but we were one." In the logic of the street, today we are friends but tomorrow, who knows?

We listen to these three voices of the young, the Latino and the masculine in unison when our authors share with us their more reflective, deep and almost philosophical side. On the one hand, when they make an analysis of their own path, at the time of evaluating where they've gone wrong, and what those steps have left them. On the other hand, these voices also converge at the time of defining their searches for their future. We listen to Greñas emphasizing his own willingness to change, to reconcile and forgive the pains his relationship with his mother has caused him, to Enano saying that he must fight for his two children, to Arturo dreaming about forming his own home in his house in Mexico, to ID"PA" knowing that upon landing in Colombia it is going to be difficult "not to fall into the same thing", to Yovani with his ideal job as a tourist translator in Cancun or Acapulco, and to Popotes and Tello knowing that their dreams are still cut short and that even if deported, they are willing to come back again, to reach their goals. We see these young authors' own introspection, looking inside in search of their future, knowing what they have in their favor: their own dreams, their inner force to believe in themselves and to know that yes, it is possible to reach their goals. We see these young people honoring the truth, dreaming about their future without denying their past, but rather vindicating it as the base from which they evaluate their own story; they live their present and define their dreams and their aspirations for the future.

And it is from exactly this analysis that the title of this publication arises, "*Aguas* con el Caballo". We have selected a Mexican saying in as much as most of our authors share this country of origin and because, according to Popotes's story, this "*aguas* con" means "be careful of" or "watch out for" and we did not talk about all the "*aguas* con" that we know our authors have received throughout their lives, but rather about the warnings that they give us as a society. *Aguas* with the educative and cultural policies that don't necessarily integrate and reflect the values and interests of the young people. *Aguas* with the economic and the labor policies in the countries of origin that do not generate attractive opportunities for these boys, and in the welcoming countries that allow segmentation in the labor market and that develop abusive labor relations against the immigrants, and mainly, *aguas* with the immigration policy which is currently under revision in the United States, in a tough debate between greater control versus greater integration. We believe that the young people, protagonists of immigration as our authors are, have much more to contribute in this sense.

Yovani
Detrás de las Escaleras

Nací en México, en Puebla, en un pueblo que se llama San Lucas Colucan. Es un pueblo bonito, la gente es amable y todo. Es un poco pequeño. *I mean*, la verdad es que no sé mucho porque como me trajeron aquí a los cinco años, entonces, la verdad es que no he vivido nada de grande así que no sé muy bien. ¿Pues cómo lo describo?, no sé.

Allá vivía en una casa con mis abuelos, con mi mamá y con mis hermanos. Tengo un hermano y tres hermanas. Mi hermano es mayor y tengo dos hermanas gemelas menores que yo y una hermana mayor.

Recuerdo el cerro. *I mean*, porque como de chico me recuerdo que me llevaban a un Campo Santo, al cementerio. Pues enterraban a la gente y entonces yo iba a cada entierro que hacían. A mí gustaba ir. A mí me atrae, no sé, me atrae. Es callado y hay silencio, por eso.

Nuestro rumbo a los Estados Unidos

Mi mamá se vino y nos dejó porque no tenía suficiente dinero. Nos dejó con mis abuelitos. Entonces juntó dinero y ya, nos mandó a traer. Llegué de inmigrante, por diferentes caminos, estuvimos en un carro y en carro hasta acá, hasta Nueva York. Bueno, yo he estado aquí, en este país, tres veces. Me acuerdo que empecé por Arizona, entonces en Arizona fue que venimos en carro hasta acá. Pero en caminos como, digamos de la frontera de México a la frontera de los Estados Unidos, caminando y allí en una carretera nos recogieron en una camioneta.

Cuando llegué por primera vez era muy chiquito, vivía en el Bronx. Vivía con mi mamá y con mis hermanas y mi tía y sus hijos. Vivíamos en un *basement*. Estaba cómodo entonces pero mi tía se metió en problemas con unos italianos supuestamente mafiosos y quemaron la casa, la de abajo, así que nos tuvimos que salir antes de eso. Nos fuimos a un apartamento en el quinto piso y allí estuve viviendo como por ocho o nueve años, más o menos, y allí estaba, allí no era más que yo, mi mamá, su esposo, mi hermano y mis hermanas y ya. Al principio sí estábamos todos juntos pero le digo que después pasó ese problema y se fueron a vivir a otro lugar y mamá decidió que nos fuéramos a un apartamento allí mismo, cerca de allí. Y nos separamos entonces de mi tía.

De pequeños, cuando llegué, jugábamos en un *waterpump*. Y éramos muy chiquitos y todos los días salíamos a jugar en el verano. Y en la nieve, en el invierno jugábamos fútbol americano en la nieve. Y ya, no sé. Muchas cosas me recuerdo, peleábamos, discutíamos, descontentábamos.

El barrio era tranquilo, *I mean*, estaba yo chamaco, no sabía mucho de las pandillas y todo, pero como yo fui creciendo empecé a tener problemas con morenos y cosas, entonces me dediqué a…, como ya había mucho ladrón en el Bronx, yo me dediqué a juntarme con una pandilla para parar eso, porque yo veía que robaban mucho a los dominicanos en ese barrio y no me gustaba. Pero, conforme fui creciendo, fui tratando de parar eso y pues sí, cada cosa que veía yo, que estaban robando a los mexicanos o golpeándolos. Ahora lo veo y tranquilo, pero también hay muchos rateros allí.

Me acuerdo que iba yo a la escuela. Me apuntaron a la escuela, primer grado y estuve estudiando hasta el octavo grado que me salí de la escuela yo sólo. Decidí salir supuestamente para trabajar pero, ya ve, las calles, los amigos me llevaron por otro camino. Bueno yo mismo me llevé. Pues, en los primeros años mucha burla, se burlaban de mí. Por ejemplo, como no sabía hablar inglés, se burlaban porque no podía pronunciar las palabras, como en vez de "*one hundred*", en lugar de decir eso, una vez me preguntó la maestra y enfrente de toda la clase yo dije "*I'm hungry.*" Todos se burlaron y ya no quise volver a hablar. Pues todo eso, se seguían burlando y yo, no me gusta, yo tengo un problema de nervios, entonces me gusta pelear. No me gusta que se burlen de mí, entonces, muchos problemas, pero ya después con el tiempo a lo mejor no se burlaban porque teníamos que pelear entonces. Y pues tranquilo, estudiando. No me sentía mal porque había otro amigo allí que era mexicano y pues nos salimos de la escuela de chamacos, no íbamos ni a *junior high school* todavía y andábamos cortando clases.

Y tenía mal las clases hasta que le dijeron a mi mamá. Y ya, me empecé a portar bien, porque le dijeron que me andaba portando mal y no me gusta que se sienta mal. Entonces, lo que menos quiero hacer es hacerle sentir mal, por eso.

Recuerdo esos maestros, son bien malos. Tenía una consejera que le gustaba estar allí siempre diciéndome que no, que estudiara y que no me dejaba en paz, siempre me estaba diciendo y diciendo, no se cansaba. Esa es la que recuerdo mucho. Todos los demás, de *junior high school* los recuerdo pero no querían gran cosa, simplemente estaban allí.

Idas y vueltas

La Frontera la he pasado tres veces. Entonces, a los cinco años y a los dieciséis años regresé para allí pues por disciplina tal vez, querían que me educara yo más o algo así. Regresé para allá, me mandaron para allá, duré medio año, pero pasaron unos problemas y tuve que regresar para acá. Duré medio año allá. Y la tercera vez fue en 2004 que me deportaron y regresé otra vez.

Regresé porque he vivido mi vida aquí, entonces yo no me acostumbro a vivir allá. Y la gente que está allá ahora no me quiere supuestamente por las pandillas y eso, ¿entiendes? Prefiero vivir aquí, aunque aquí también hay familia y no me soportan pero sé cómo se vive aquí.

Yo solito en las calles

Soy el diferente porque yo soy el único que salió malo. Y mis hermanas están juntas, son gemelas *so*…y mi hermano está con mi otra hermana, estaban juntos.

Y yo no tenía a otro hermano. Mi hermana con la que yo nací se murió solita, se murió allá en México. Los demás tenían a su pareja, mi hermano a mi hermana, y las gemelas tienen una a la otra. Así que yo me sentía diferente, no me sentía *that I fit in*– no puedo decirlo en español– que no entré, así, por eso fue tal vez que me iba yo mucho para las calles.

En las calles encontraba a amigos como yo, que no se sentían parte de algo dentro de su familia. Eso es lo que encontraba yo. No me atraía fumar, tomar drogas, nada de eso. Fumar ni andar golpeando a la gente no más por golpearla en pandilla sino que, compañía ¿entiende? pues, comprensión y eso. Mis amigos me comprendían porque ellos viven la misma situación, entonces comprenden, saben lo que es sentir coraje, sentir odio o sentirse sólo.

Yo tenía coraje de todo. Tal vez de que no tuve a mi padre y no sabía cómo ser un hombre. Así, porque no iba yo con nadie. Yo solito en las calles. Fue que iba yo viendo a mis amigos, los más grandes, que tenían de veinticinco años para arriba. Yo, me gustaba aprender cada cosa, ver lo bueno que hacían.

Me salí de la escuela porque había días que iba a la escuela con la misma ropa y yo no tenía tenis buenos, tenía pero no buenos como los que yo quería. Y pues yo quería y dije no necesito la escuela, esto no me está dando nada, pero no pensaba yo en que eso podría dar en el futuro. Entonces digo "voy a salir, voy a trabajar o a hacer algo" y pues me salí. Empecé cortando clases todos los días, todos los días. Se cansaron de mí y me salí de la…y por fin se enteró mi madre y le dije, "pues yo no quiero ir a la esuela, si me quieres aquí en tu casa o no, pero yo no quiero ir a la escuela." Y dijo, "está bien, haz lo que quieras." Pues sí y ella no me compraba nada, ya tenía yo que trece, catorce años y no me quería comprar nada así que dije, "Está bien, no me compres nada. Yo sabré salir adelante sólo." Y pues, así fue, me salí de la escuela, trabajé pero no me gustó.

Mi primer trabajo fue en un restaurante. No me acuerdo del nombre pero fue limpiando platos. Y yo a los dos tres días, "esto no es para mí, no me gusta." Pues es que estar tallando ollas y lavando platos no era lo que yo quería hacer. Y pues, me salí y me quedé así un rato. No había nada que hacer, estaba yo parado en las calles en una esquina siempre con mis amigos. Y lo que hicimos, lo que decimos 'talonear' que significa que…como extorsionando a la gente por dinero. Y como estábamos allí parados porque empezaba yo a fumar y necesitaba dinero para fumar marihuana y so empezaba yo a extorsionar a la gente y me cansé de eso y como veía que estaba parado en la esquina de siempre me dije, "pues voy a vender algo. Voy a estar parado, voy a hacer algo, ¿no?".

Empecé a vender drogas, tenía clientes, unas chamacas que las conocía yo y que poseen un buen dinero. Hasta que … nunca, caí por supuesto porque es como se dice, cuanto más tienes, más quieres y me volví yo ambicioso. Ya vi que tenía todo, mi ropa, los tenis, novias y ¿qué más quería yo?, quería yo algo pero no sabía qué era.

No sabía que más quería. Tal vez quería tener alguien a mi lado pero estaba muy chamaco para pensar en eso. Ahora, pues de grande, simplemente veo que de nada sirvió todo eso, ese dinero porque ese dinero no está. Tal vez necesito alguien que siempre esté allí como mi mamá, pero no quiero que sea ella. Que me junté con una muchacha y ya.

Es una sobreviviente
Mi madre siempre está, o sea, a mí me da consejos, me educaba pero simplemente yo decidí a…Mi madre me decía que no me viera en las calles porque no era bueno que saliera de noche. A las nueve de la noche yo tenía que estar en mi casa y entonces la pasaba yo y me regañaba pues siempre tenía comida en la mesa. Comía arroz, carne, y eso.

A nadie admiro, ¿a quién voy a admirar yo? A mi mamá. Sí a ella porque ella es una sobreviviente. Ella sobrevive de cualquier forma, lucha, sobrevive ella, ella sola sin mi papá que no sé ni donde está. Y mantiene a mis dos hermanas, tiene a mis otros hermanos, o sea, ellos son grandes, pero nos sacaba adelante, nos compraba cosas aunque no lo que queríamos pero lo que necesitábamos. Y siempre estaba luchando, no se da por vencida y pues por eso la admiro yo, ¿entiende? Y su forma de ser, muy tranquila, buena gente, amable, cariñosa, buena madre.

Cada vez que estoy preso, mi mamá es la única que está allí. Sé que está allí porque siempre la veía yo en la Corte. Cuando me iba a la Corte, siempre ella está allí sentada, esperando unas tres, cuatro horas a que me saquen. Y eso, por eso es buena madre. Ella me quiere mucho a mí, pues porque siempre he sido diferente y sólo, separado, ¿entiende?

Necesito estar allí
Pues en realidad ya tengo una muchacha allá en México y es mi esposa ahora porque tiene mi hijo. Me

está esperando, bueno supuestamente, pero está allí, es lo que dice y eso es. A ella la conocí porque ella es de la Ciudad de México y estaba en mi pueblo de vacaciones. Eso fue cuando me mandaron, cuando me deportaron, pues una vez estuve preso, hice tiempo y me deportaron. Bueno, supuestamente no me iban a deportar porque caí cuando era menor pero aquí me volví adulto y me mandaron a la Inmigración, me llevaron y me deportaron.

Yo me fui a donde era yo, aunque tenía problemas porque me iban a hacer algo alguna vez. No pasa nada, ella llegó de vacaciones cuando yo estaba, ella es del D.F. y ella estaba con su prima y yo le empecé a hablar y nos conocimos y pasó lo que pasó. No nos casamos, nos juntamos pero para mí es como mi esposa pues yo la quiero, cuando salga yo quiero estar con ella. *So*, y ella piensa igual, entonces, ella es bonita, buena gente. Ella es como mi mamá, comprensiva, siempre está conmigo, sea bueno, sea malo, pasando lo que esté pasando, ella siempre está allí conmigo.

Mi hijo apenas va a cumplir un año en Diciembre, este mes. Nunca lo he visto, sólo tengo fotos y pues tengo ganas de conocerlo, es mi hijo. Necesito estar allí. Él no tiene que pasar lo que yo pasé porque yo no estoy allí, yo sí lo quiero conocer, ¿entiende? Yo quiero ser el mejor padre. Alguien que esté allí para su hijo, que le dé la educación. Alguien que pueda sacar a su hijo adelante de manera que cuando él esté mayor puede llevarse sólo pero por buen camino no por el malo como yo. Eso es lo que quiero.

Esta vez sí me voy a quedar. No sé a donde, puede ser en Puebla, puede ser en el D.F. o, *I mean*, yo me pienso ir para Cancún o para Acapulco a trabajar.

Pues ahora que sé inglés, pues, trabajo fácil como Traductor. Y yo pienso que puedo porque yo tengo un primo que está en Cancún y me puede ayudar a conseguir trabajo.

Cada paso que doy

Me siento como en casa aquí en los Estados Unidos porque aquí está mi familia. Aquí estoy acostumbrado a estar, aquí he estado viviendo la mayoría de mi vida. ¿Las diferencias? La gente. Pues allá en México, hay demasiado robo, secuestros, tráfico. Nueva York, pues, Nueva York, no. No los Estado Unidos, Nueva York. Pues la policía sabe que esto no es libre como era cuando yo llegué y no me gusta que, en cada esquina que paso, cada paso que doy, hay un policía mirándome o arrestándome aunque yo sé que no estoy haciendo nada malo. No les importa, simplemente te quieren arrestar porque piensan que estás haciendo algo malo. Y sin embargo allá no, allá no te hacen eso. Eso para mí es la diferencia.

He visto cambios en los Estados Unidos. Leyes de inmigración que ahora se ponen más duras contra nosotros, nos quieren sacar y aunque mucha gente aquí es inmigrante y no más están trabajando. Los quieren sacar porque ellos piensan que no venimos a trabajar sino a arruinarlos de esto y no es así. *I mean*, que yo sepa, la mayoría de gente que viene es ya mayor de veinte años y viene a hacer dinero porque yo sé que no es muy fácil. Mucha gente no tiene casas cómodas, no hay dinero para comer a veces, bueno, nadie se muere de hambre pero no hay dinero para comer bien y para mantener a su familia. Allá los trabajos no son como acá, allá tienes que trabajar y te pagan poco. Por ejemplo, mi hermano trabajaba allá en construcción y no le pagaba mucho y cuando me enseñó sus manos estaban cortadas y tenían callos y todo. Por qué? Por mil pesos que son cien dólares a la semana–eso no es nada. Y pues por los cambios, las leyes, la policía, la gente, todo, el sistema lo cambia todo.

Porque querer es poder
Para mi futuro quiero mucho dinero. Pues yo veo una…no sé la verdad porque *I mean*, yo pienso cambiar para bien. Estoy cansado de esto, de las pandillas, el camino oculto, las drogas, la venta, los robos, la vida de un maleante, estoy cansado de eso. Ahora tengo un hijo, una esposa, quiero cambiar, ¿entiende? No quiero que ellos estén allí pasando hambre o que les estén diciendo y mal mirando porque yo no estoy para darles lo que necesitan. Y especialmente no quiero que otro hombre se haga cargo de mi hijo, teniendo él su padre. No quiero que mi hijo le diga papá a otro hombre, *so*, quiero estar allí, quiero cambiar simplemente para él. Tener una casa, un negocio si se puede, dos o tres carros o algo. Y yo sé que lo voy a hacer, yo siento aquí que lo voy a hacer, porque querer es poder, entonces si yo lo deseo, lo hago. Siempre lo he hecho, lo que he querido, lo he tenido, sino simplemente que esto de aquí fue un error, el mío y de la persona que…., bueno, ya.

Por ejemplo, los tenis. Los que quería, los tenía, tenía tres o cuatro pares. Cuando no tenía yo, no tenía un par. Sin embargo, cuando yo me decidí que yo quería más tenis, más ropa para no ponerme la misma ropa todos los días, lo conseguía yo, los tenía que conseguir. Tenía yo lo que quería yo. Siempre.

Que se vieran en la calle

Una vida mejor por mi hijo y por mis hermanas. Por mi hijo, porque quiero que estudie, que sea alguien y no cualquier persona, como yo, que sea alguien. Alguien con una carrera, que no le pegue a su esposa. y pues ¿Qué más? No sé. Muchos consejos pero no sé, eso va con el tiempo.

Por mis hermanas porque como eran chiquitas (tienen catorce años) y pues, nunca quise que se vieran en la calle. Siempre les daba consejos por el miedo que me tenían, no les pegaba yo, les daba consejos y les regañaba yo. Bueno ahora están estudiando, están bien, no van mal en la escuela, entonces yo digo pues que me escucharon los consejos. Entonces, eso es lo que yo quería, que estuvieran bien.

Por ejemplo, cuando yo estaba preso, *I mean*, con los dieciséis años, la primera sentencia que hice cuando yo todavía era pandillero. Yo escuchaba cuando llamaba yo por teléfono y me decían "tus hermanas están aquí cortando clases, fumando marihuana y esto y lo otro." No me lo quería creer, pero mi mamá me lo decía también. Entonces cuando salí, todo eso paró porque ya estaba yo allí para verlas, para ver que no se salgan de la escuela, ni estén fumando ni nada de eso.

Entonces yo tenía que darles consejos, los consejos que no me daban cuando estaba chamaco. A mí no me dieron esos consejos, que no anduviera yo en las calles, bueno, me los daba mi mamá pero no mis hermanos o alguien, mi hermano no se preocupaba por mí ni siquiera. Entonces yo me quería preocupar por mis hermanas, cuidarlas y sí, les daba yo consejos que no me habían dicho a mí de chamaco, que no les fueran a embarazar por si el chamaco se va y les deja con el niño, que no anduvieran en pandillas que no les dejan nada bueno tampoco. Todo eso les aconsejaba.

Estoy orgulloso de una de mis hermanas, la otra salió más mala pero al menos está estudiando, va bien, piensa seguir estudiando, pero está embarazada. Pues, ¿qué se le puede hacer? Pero una, una sí, yo le dije también, no estoy orgulloso de ella, pero es mi hermana y tengo que soportarla.

Crime Partners

Recuerdo mucho a mi mejor amigo. Que éramos uno, éramos dos pero éramos uno. Por eso comenzó con él, todo el dinero, él quería lo mismo que yo quería y me acuerdo de que siempre estábamos en un *rufo* fumando, platicando lo que íbamos a hacer, lo que íbamos a conseguir, lo que íbamos hacer pues. Siempre me acuerdo que estábamos todas las tardes platicando del otro día cuando me pasó algo a mí, cuando le pasó algo a él. Siempre caíamos presos juntos. Entonces, yo salí primero o salió él primero, mandamos la familia de uno que fuera a sacar al otro. Y pues, ahora, no sé, puede ser porque él esté preso y yo estoy preso, mi fianza es demasiado cara y él está haciendo tiempo en el Estado. Ahora ni somos amigos porque supuestamente somos "enemigos" por problemas de las calles. Y supuestamente él me quiere dar a mí porque yo salí y él estaba preso y pasaron cosas.

Bueno, pues lo extraño porque de él aprendí más que de nadie, porque de él aprendí pues a ser cómo era yo, *I mean*, hacer las cosas que hacía yo. Aprendí a comportarme más serio que un niño. Era un niño yo todavía y él tenía la misma edad que yo, más él se comportaba más serio. Yo como no fumaba yo marihuana todavía cuando me empezaba a juntar con él, yo era como que más, más niño, más inmaduro. Entonces, de él aprendí a ser maduro, aprendí a hacer las cosas inteligentemente, no de ir y hacerlo no más. Y hablarles a las mujeres, pues no es que me enseñó, pero yo lo veía porque siempre íbamos juntos y él le hablaba a una chamaca y yo le escuchaba. Entonces cuando me tocaba a mí, pues, hacía como él y sí, sí funcionaba.

Recuerdo todo lo que hacíamos. Más bien, juntos, que siempre nos parábamos uno por el otro, porque hay muchos morenos donde estoy ahora, donde estaba afuera y siempre nos querían dar o sacar del bloque porque él se vestía de *azul* y ellos son todos *sangre*. Entonces, si había problemas con él, estaba yo allí. Si había problemas conmigo, estaba él. Como si te metes conmigo, te metes con él; te metes con él, te metes conmigo. Entonces yo, ¿has escuchado la canción de Tupac que se llama, "*I ain't mad at cha*"? pues, cuando escucho esa canción, pues todo lo que está cantando Tupac, la verdad está…estoy pensando en las cosas que hacíamos y casi es lo mismo. Como cuando dice que estábamos detrás de las escaleras o en el rufo fumando marihuana y … Me río porque no me voy a caer por eso, de muchas cosas, *I mean*, simplemente el hecho de estar preso, pues, y ya sin poder hablar afuera y hablar con él, ni escribirle cartas allí al Estado ni nada, porque ya no, tal vez no quiere que seamos, que tengamos la misma amistad. A mí me da igual, son recuerdos y no los olvido porque nos han pasado y éramos "*crime partners*", Los buenos tiempos y los malos y allí estábamos, siempre.

La verdad es que por las cosas que he vivido, ya no

puedo confiar en nadie. Ni en mí, no me confío pero de tener un amigo así, no. No quiero confiar en nadie, simplemente. Pues en mi esposa sí, en ella, pero ni tanto porque, pero sí, es mi esposa y tengo que confiar en ella, lo que vale en una relación es confianza pero…

Pero siento que no puedo ni confiar en mi mismo porque, cuando está pasando algo, no puedo confiar que voy a hacer la cosa correcta. Porque no lo pienso, está pasando, está en acción, tengo que hacer lo que tengo que hacer. No puedo confiar si voy hacer bien o mal, eso es, así soy yo. Es un corazón, una mente diferente pero están en mi cuerpo y pues yo confío en mí cuando trato de hacer lo correcto pero no sé si puedo confiar por completo.

Yovani
Behind the Stairs

I was born in Mexico, in Puebla, in a little town called San Lucas Colucan. It's a pretty town, the people are nice and everything. It's a little small. I mean, the truth is that I don't know much about it, seeing as they brought me here when I was five, so, really, I haven't lived any of my grown life there, so I don't really know. How can I describe it? I don't know.

I lived in a house there with my grandparents, my mom, and my brother and sisters. I have one brother and three sisters. My brother is older and I have two twin sisters younger than me, and one older sister.

I remember the hillside. I mean, because when I was little I remember that they used to take me up the *Campo Santo*, the cemetery. They would bury people and so I went to every burial they had. I liked to go. It appeals to me, I don't know why, it just does. It's quiet, there's silence, that's why.

Our Journey to the United States

My mom came and left us behind because she didn't have enough money. She left us with my grandparents. Then, she got the money together and she sent for us. I came here as an immigrant, a couple of different ways, we were in a car 'till here, 'till New York. Well, I mean, I've been here, in this country, three times. I remember that we started out in Arizona, and then from Arizona we came in a car here. But through ways that, like, from the border of Mexico to the border of the United Sates walking and then on the highways, that's where a truck picked us up.

When I got here the first time, I was very young, I lived in the Bronx. I lived with my mother and my brother and sisters and my aunt and her children. We lived in a basement apartment. It was pretty comfortable, but then my aunt got into some trouble with some supposedly–mafioso Italians and they burned the house down, so we had to get out before that. We went to a fifth–floor apartment and I lived there for, like, eight or nine years. There it was just me, my mom, her husband, my brother, my sisters, that's it. At first, yeah, we were all together, but like I said, there was that problem and they went and lived somewhere else and Mom decided that we were going to an apartment nearby. So we split up then, from my aunt.

When we were little, when I got here, we used to play at the water pump. And we were really little and in the summer every day we'd go out and play. In the winter, we'd play football in the snow. That's it, I don't know. I remember a lot of things, how we'd fight, we'd argue, we'd get mad at each other.

It was a quiet neighborhood, I mean, I was just a kid, I didn't know about the gangs and everything, but as I grew older, I started having problems with the black guys and stuff, and so I decided to…there was already a lot of theft in the Bronx, and I decided to join a gang to put a stop to that, because I saw that they were robbing a lot of Dominicans in that neighborhood and I didn't like it. But, as I got older, I was trying to stop it and yeah, everything that I saw, that they were robbing the Mexicans and beating them up. Now I see it as a little more chill but there are also a lot of thieves out there.

I remember that l went to school. They signed me up for school, first grade and I stayed in school until eighth grade when I left school on my own. I decided to leave supposedly to get a job, but as you can tell, the streets, my friends, they took me down a different path. Well, I took myself. So, in the first couple of years, they made fun of me a lot. For example, because I didn't know how to speak English, they made fun of me because I couldn't pronounce the words right, so instead of "one hundred," once the teacher asked me and in front of the whole class I said, "I'm hungry." They all made fun of me and I didn't want to ever talk again. So, all that, they kept making fun and I, I didn't like it, I have a problem with my temper, I like to fight. I don't like people making fun of me, so, a lot of trouble, but with time, maybe they stopped making fun of me because they knew they'd have to fight me. So, chill, going to school. I didn't feel bad because I had another friend there who was Mexican and we ended up leaving school together, young, we weren't, we weren't even going to junior high school yet, and we wandered around cutting class. Classes were going bad until they told my mother. Then, yeah, then I started to behave because they told her I was going around being bad and I don't want her to feel bad. The last thing I want is for her to feel bad, so that's why I stopped.

I remember those teachers, they were pretty bad. I had a guidance counselor who liked to always go after me saying, no, that I had to study, she just wouldn't leave me alone, she was always saying it and saying it, she never got tired. I remember her really well. The other ones, from junior high school, I remember them but they didn't expect anything much, they were just there.

Comings and Goings

I've crossed the border three times. When I was five, and when I was 16 years old I went back, for discipline maybe, they wanted me to be brought up better or something. I went back, they sent me back there, I lasted six months over there, but there was some trouble and I had to come back here. I lasted six months there. And the third time was in 2004, when they deported me and I came back again.

I came back because I've lived my life here, so I can't get used to living over there. The people who are there now don't love me, because of the gangs, you know? I prefer to live here, even though I've got family here who don't support me but I know how to live here.

Just me alone in the streets

I'm different because I'm the only one who came

out wrong. And my sisters are together, they're twins, and my brother has my sister, they're close in age. I didn't have another brother. My sister, the one I was born with, died, she died over there in Mexico. Everyone else has a pair, my brother and my sister, and the twins have each other. So, I felt different, I didn't feel "like I fit in"–I don't know how to say that in Spanish–that I didn't fit, yeah, maybe that's why I took to the streets.

On the street, I found friends like me, that didn't feel part of anything inside their families. That's what I found. Smoking didn't appeal to me, doing drugs, none of that. Not smoking, not beating up people just because you were a gang and you could, no, just company, you know? Understanding and all that. My friends understood me because they live in the same situation, so they understand, they know what it is to feel anger, to feel hate, to feel alone.

I was angry at everything. Maybe because I didn't have a father and I didn't know how to be a man. Yeah, because I didn't go with anybody. Just me alone in the streets. And then it happened that I saw my friends, the older ones, who were 25 and up and I, I liked to learn everything, to see how good they did things.

I left school because there were days when I went to school with the same clothes on and I didn't have good sneakers, I had sneakers, but not good ones like the ones I wanted. And so I wanted them and I said, I don't need school, this isn't getting me anything, but I didn't think about what it could get me in the future. So, I say, I'm going to leave, I'm going to work or do something, and I left. I started cutting classes every day, every day. They got tired of me and I quit and finally my mom found out and I said, "Look, I don't want to go to school, whether you want me in your house or not, I don't want to go to school." And she said, "Fine, do what you want." Well, yeah, she wouldn't buy me anything, and I was 13, 14 years old and she didn't want to buy me anything so I said, "Fine, don't buy me anything. I know how to get by from here on by myself." And so, that's how it went, I quit school, I started working, but I didn't like it. My first job was in a restaurant. I don't remember the name, but I was a dishwasher. And after two or three days, I said, this isn't for me, I don't like it. So, it's just that scrubbing pots and washing dishes was not what I wanted to do. And so I quit, and I stayed like that for a while. There wasn't anything to do, I was hanging out on a street corner with my friends all the time. And what we did was, we called it *talonear*, which means, like, extorting people for their money. And that's where we got stuck because I started smoking and needed money to smoke marijuana and so I started extorting people and I got tired of that and saw how I was stuck there on the corner all the time, and I said to myself, well, I might as well sell something. If I'm going to be stuck here, I should do something, right?

I started to sell drugs, I had clients, some girls that I knew and they had a lot of money. Until…never, I got caught, of course, because, as they say, the more you have, the more you want, and I got ambitious. I saw that I had everything, my clothes, my sneakers, girlfriends, what else could I have wanted? I wanted something, but I didn't know what.

I didn't know what else I wanted. Maybe to have someone by my side, but I was pretty young to be

20

thinking about all that. So now that I'm older, I simply see that all that money was for nothing, because that money isn't there now. Maybe I needed someone who is always there for me like my mom, but I didn't want it to be her. So, I got with a girl and…

She's a Survivor
My mother's always there, I mean, she gives me advice, she raised me but I just decided…My mother told me not go around in the street because it wasn't right for me to be out at night. At nine at night, I had to be in my house and I'd skip out and she'd scold me but there was always food on the table. I ate rice, meat, all that.

I don't admire anyone. Who am I going to admire? My mom. Yeah, her because she's a survivor. She survives anyway she can, she fights, she survives, her alone without my dad because I don't even know where he is. And she takes care of my two sisters, she has my other brother and sister, I mean, they're grown, but she kept us going, she'd buy things even though they weren't what we wanted, it was what we needed. And she's was always fighting, she never gives up, and that why I admired her, you know? It's the way she is-- calm, nice, affectionate, a good mother.

Every time I get locked up, my mother's the only one who's there for me. I know she's there because I always see her in court. When I'd go to court, there she was sitting there, waiting three, four hours for them to bring me out. That, that's why she's a good mother. She loved me a lot, because I've always been different, alone, separate, you know?

I need to be there

Actually, I have a girl down in Mexico, she's my wife now because she has my son. She's waiting for me, well, supposedly, but she's there, that's what she says, so that's what it is. I met her because she was in my town on vacation, this is when they sent me down there, when I got deported, because once I was in jail, I did time, and got deported. Well, they weren't supposed to deport me because I caught my case when I was a minor but in here I came of age and so they sent me to Immigration and I got deported.

I went back to where I'm from, even though I had some trouble because once some people there were going to do something to me. But nothing happened, no big thing, she got there on vacation when I was there, she's from Mexico City and she was there with her cousin and I started to talk to her and we got to know each other and what happened, happened. We didn't get married, we got together, but for me, she's my wife, because I love her, when I get out of here, I want to be with her. And she feels the same way, so...she's pretty, good people. She's like my mom, understanding, she's always there for me, for better or for worse, no matter what's going on, she's always there for me.

My son's about to turn one in December, this month. I've never seen him, I've only got pictures and I really want to meet him, he's my son. I need to be there. He doesn't have to go through what I went through because I'm not there, I want to know him, you know? I want to be the best father. Someone who's there for his son, who brings him up. Someone who can keep him going so that when he's older, he can keep himself going on the right path and not on the wrong one like me. That's what I want.

This time I'm going to stay there. I don't know where, it could be in Puebla, it could be in Mexico City, or, I mean, I'm thinking about heading to Cancún or to Acapulco to work. Now that I know English, it'll be easy to find a job as a translator. And I think that I could because I have a cousin who's in Cancún and he can help me to find a job.

Every Step I Take

I feel at home here in the United States because my family's here. I'm used to being here, I've lived most of my life here. The differences? The people. Over in Mexico, there's too much crime, kidnappings, trafficking. New York, well, not in New York. I'm not talking about the United States, just New York. The police know that this is not free like it was when I got here and I don't like that whenever I come around a corner there's a cop looking at me and arresting me even though they know I'm not doing anything wrong. They don't care; they just want to arrest you because they think you're doing something wrong. Over there they don't do that to you, that's the difference.

I have seen changes in the United States. Immigration laws are now making it harder and harder for us, they want to kick us out even though there are a lot of immigrants here and they're not doing anything but working. They want to kick us out because they think that we didn't come to work, we came to bankrupt them and it's not like that. I mean, as far as I know, most people who come are more than 20 years old, and they come to make money because

I know that it's not easy over there. A lot of people don't have comfortable homes, there's not money to eat sometimes, I mean, nobody's dying of starvation but there's no money to eat well and to take care of their families. There, the jobs aren't like they are here, there you have to work and they don't pay you much at all. For example, my brother used to work over there in construction and they didn't pay him much and when he showed me his hands they were all cut up and they had calluses and all that. For what? For a thousand pesos, which is one hundred dollars a week –that's nothing. And because of the changes, the laws, the police, the people, everything, the system changes everything.

Because Where There's a Will, There's a Way

For my future I want a lot of money. I see a, I don't know, to tell you the truth, because I mean, I think I'll change for the better. I'm tired of this, of the gangs, the dark path, the drugs, the selling, the robbing, the life of an outlaw, I'm tired of that. Now I have a son, a wife, I want to change, you know? I don't want them going hungry or for anyone to be looking down on them because I'm not there to give them what they need. Especially, I don't want another man taking care of son, having him be his father. I don't want my son to call another man "Dad," so, I want to be there, I want to change simply because of him. To have a house, a business, if I can, two or three cars or something. I know that I'll do it, I think that I'll do it because where there's a will, there's a way, so if I want it, I do it. I've always done that, if I've wanted it, I've gotten it, this right here was a mistake, mine and the person who…never mind.

For example, my sneakers. I wanted them, I got them, I had three or four pairs. Before I didn't have them, I didn't have even one pair. It didn't matter; when I decided that I wanted more sneakers, more clothes so I didn't have to wear the same clothes every day, I got it, I had to get it. I got what I wanted. Always.

Hanging out in the street

I want a better life for my son and for my sisters. Yeah, for my son because I want him to go to school, to be somebody and not just anybody, like me, to be somebody. Someone with a career, who doesn't hit his wife and…what else? I don't know. A lot of advice, but I don't know what, that'll come with time.

For my sister because they are little (they're fourteen now) and so I never wanted to see them hanging out in the street, I always gave them advice because they were afraid of me. I didn't hit them, I told them what to do, and I scolded them. Now they're studying, they're doing ok, they're not doing a bad job in school, so I think they listened to me. That's what I wanted. For them to be ok.

For example, when I was locked up, I mean, the first time I caught a case when I was 16, when I was still a gangbanger, I listened when I called and they'd say, "Your sisters are out here cutting class, smoking weed and this, that and the other." I didn't want to believe it but my mom said the same thing. So when I got out, all that stopped because I was there to keep an eye on them, to see that they didn't quit school or smoke or any of that.

25

So, I had to give them advice, the advice that nobody gave me when I was little. Nobody gave me that advice – that I shouldn't be hanging out in the street, well, my mom did but not my brother or sister or anyone, my brother doesn't even worry about me. So, I wanted to worry about my sisters, take care of them and, yeah, I gave them the advice I never got, told them not to get pregnant in case the boy left them with the baby, not to join a gang because they won't leave you anything but trouble, either. I told them all that.

I am proud of one of my sisters, the other one didn't turn out as good, but at least she's going to school, she's doing ok, she's planning on staying in school, but she's pregnant. What can you do? But one of them, yeah one, I told her I'm not proud of her but she's my sister and I've got to deal with her.

Crime partners

I remember my best friend real well. We were like one person, we were two, but we were one. That's why it all started with him, the money, he wanted the same thing I did and I remember that we were always on a roof smoking, talking about what we were going to do, what we were going to get. I always remember how every afternoon we'd be talking about what happened to me the other day, what happened to him. We always got locked up together. So, when I'd get out first, or if he got out first, we'd send our families on the outside to go get the other one out. And, well, now I don't know, it could be because he's in jail and I'm in jail, my bail is set too high and he's doing time upstate. Now we're not even friends because supposedly he wants to jump me because I got out when he was locked up and some stuff went down.

So, well, I miss him because I learned more from him than anyone because I learned how to be how I was, I mean, to do the things I did. I learned to be more serious than a child. I was still a kid and he was the same age as me, but he carried himself more seriously. Like, I didn't smoke weed yet when I started hanging out with him. I was like more childish, more immature. So, from him I learned to be mature, to do things intelligently, not just go and do them. And to talk to women, I mean, he didn't exactly teach me, but I saw him because we went everywhere and he'd talk to a girl and I'd listen. So, when it was my turn, well, I did it like him, and yeah, yeah, it worked.

I remember everything we used to do. Really, together, we'd always have the other's back because there are a lot of black guys where I live now, where I was on the outside, and they always wanted to jump us or kick us off the block because my friend wore blue, and they're all Bloods. So, if they had problems with him, I was there. If they had problems with me, he was there. It was like, if you mess with me, you're messing with him; you mess with him, you're messing with me. So, have you heard the Tupac song, "I Ain't Mad Atcha"? Well, when I listen to that song, everything Tupac's singing about, truth is, I'm thinking about everything we used to do and it's practically the same, like when he says we were smoking behind the stairs or on the roof smoking weed. I laugh because I'm not going down like that, I mean, just the fact of being locked up, not being able to talk on the outside or write him letters upstate or anything, because maybe now he doesn't even want us to be, to have the same kind of friendship. I don't care, they're memories and I won't forget them because they happened to us and we were crime partners. Good times and bad times, there we were, always.

The truth is that because of the things I've been through, I can't trust anyone anymore. Not even myself, I don't trust myself, but a friend like that, never. I don't want to trust anyone, it's that simple. I mean, my wife, sure, trust her but not even that much because, well, yeah, she's my wife and I have to trust her, trust is what matters in a relationship. But I feel like I can't trust myself because when something's going down, I can't trust myself to do the right thing. Because I don't think about, it's happening, it's in action, I have to do what I have to do. I can't trust that I'm going to do it right or wrong, that's how it is, that's how I am. It's a different heart, a different mind, but they're in my body and so I can trust myself when I try to do the right thing but I don't know if I can trust myself completely.

Tello

Un Clavo para Siempre

Yo soy de Cholula, Puebla. San Diego, Cuachayotla, ahí es donde yo vivo. Mi papá se llama Adalberto. Mi mamá se llama Guadalupe, ella es un año más grande que mi papá, tiene 41 años. Yo soy el mayor. Luego sigue mi hermano Gumaro, luego sigue mi hermano Fernando, mi hermano Federico y mi hermanita la más chiquita que no conozco, se llama Maira. Yo no la conozco porque cuando yo me vine, yo me vine en septiembre del 2002 y ella nació el 7 de diciembre, así que no la conocí. Cuando yo estaba afuera tenía fotos de ella, una cuando tenía un año y ahora ya no la conozco.

Yo conozco a mis abuelitos, los papás de mi papá, pues los de mi mamá ya fallecieron. Bueno a mi abuelita sí, a ella sí la conocí pero cuando yo tenía ocho años ella falleció y ya sólo nos quedamos con los papás de mi papá. Cuando estaba yo allá sí tenía buena relación con ellos porque un tiempo vivimos juntos.

Antes que hiciéramos nuestra casa, un tiempo vivimos con ellos, como diez años. Vivíamos todos en un solo cuarto. Mi papá, mi mamá y los cuatro hermanos. Mi hermanita nació después. Los cuatro hermanos y mis papás, todos en un solo cuarto, uno bien chico. Ahí estábamos todos y teníamos nuestros muebles. Todo era muy hacinado y mínimo.

Mi abuelita era buena gente pero mi abuelito no porque él era muy enojón y se peleaba con mi abuelita. Cuando uno está chiquito, uno es inquieto y le entrábamos a su cuarto y le hacíamos maldades, les brincábamos en sus camas y se enojaban y nos sacaban. Y como tenía un patio grande en la casa de mi abuelito, pues ahí andaba él correteándonos. Y como a mi abuelita le gustaba sembrar muchas flores, pues nos metíamos entre las flores, le cortábamos las hojas, o sea los pétalos, y luego mi abuelita salía y nos estaba regañando.

Yo los quiero a los dos, a mi papá y a mi mamá, pero seguro admiro más a mi papá. Sí, a mi papá porque él siempre trabaja. Porque cuando yo tenía como un año de nacido, él tuvo un accidente. Pues por andar con sus amigos, él estaba tomado y andaba con un coche que era de su patrón. En ésas llegó otra camioneta y le dio un golpe al coche de él y mi papá se bajó a reclamarle. A la hora que mi papá se acercó a la ventana, la camioneta arrancó y lo llevó arrastrando por un buen tramo. Y cuando él se soltó, a la hora que se soltó, se metió por debajo de la llanta y le pasó la camioneta por encima, una camioneta de cuatro toneladas lo pasó. A él lo operaron en las piernas, estaba ya casi muerto. Por este accidente, él tiene un clavo entre las rodillas, un clavo para siempre y cuando hace frío, él dice que le duele mucho. Bueno, mi mamá me decía que mi papá casi se moría cuando yo tenía un año y mi mamá estaba embarazada de mi otro hermano.

Yo admiro a mi papá porque a pesar del accidente él siguió luchando. Él tenía que estar medio año en cama pero ya a los dos meses se levantó porque mi mamá no tenía con qué darnos de comer. Sí, mi mamá ya se iba a aliviar y mi papá no trabajaba, estaba acostado y sin dinero. Y pues se tuvo que levantar no más. Él es cojo de la pierna que está mal, de la pierna izquierda y cuando él camina y cuando hace frío en los tiempos de invierno, le duele mucho esta pierna. Gracias a Dios mi papá ahora ya está bien, aunque no muy bien porque en este año lo operaron a mi papá y bueno, también operaron a mi mamá. No sé de qué los operaron pero los operaron, estaban enfermos.

Por cada viaje que lleva

Mi papá es chofer, él maneja un trailer transportando baldosas para pisos. Su patrón es de San Luís Potosí y él viaja por toda la república. La última vez que lo llamé él me dijo que había ido a Monterrey y regresado a San Luís. De San Luís se había ido para Campeche y Yucatán, de ahí para mi casa, para Puebla.

Muchas veces acompañé a mi papá en sus recorridos. Eran difíciles porque él tenía que desvelarse, quedarse toda la noche. Si le tocaban viajes lejos, tenía que… por ejemplo, pa Monterrey son como tres días manejando día y noche. Día y noche manejando le tocaba a él. Si llegaba por la mañana, como a las ocho, no dormía nada porque de ahí tenía que estar esperando que le retiraran la carga, estar atento al cargamento que llevaba, andar contado las cajas. Todo esto porque si le llegaba a faltar algo, pues para evitarse problemas, él era precavido, mi papá. O sea, él es buen trabajador, pero pues ahorita no sé si sigue trabajando.

Lo que me más gusta es que conozco otros Estados, pero sólo puedo pasar porque pues el tiempo de mi papá es limitado. De pasar pasamos, seguro, pero lo que le importa a mi papá es trabajar para ganar más dinero, porque a él le pagan por cada viaje que lleva. El viaje era pesado pero especialmente para él. Pues a veces dormimos, digo yo duermo más porque como es carro grande, él tiene una parte donde él maneja y otra que es el camarote. Él me dice, "Si quieres dormir pues vete al camarote y duerme." Pero él no, él seguía manejando porque tenía que llegar al destino a donde iba.

La alimentación también es bien. Pasábamos a las fondas que estaban en las carreteras y comíamos ahí, él ya conoce pues como lleva ya cuantos años, desde los diecinueve años que comenzó y ya tiene cuarenta, eso es veintiún años trabajando, siempre chofer. Claro que comenzó como ayudante y después aprendió a manejar, aprendió todo. Pasábamos a las fondas y ahí revisábamos qué tienen en el menú. A mí me gustaba comer arroz con unos huevos fritos y con la salsa picante. Eso era lo que más me gustaba. Todas mis comidas eran picantes pero aquí, pues aquí ya me acostumbré que no nos dan picante. Aquí no nos dan picante, casi todo dulce, pero pues no queda de otra, comer no más.

Formados en el molde

Pues nosotros teníamos una fábrica de ladrillos. Es un trabajo muy pesado pero mi mamá trabajaba con nosotros, ella trabajaba como si fuera un hombre, ella. Para este trabajo se tiene que hacer la arena y echarle agua, y luego otro tipo de arena, son diferentes tipos de arenas. Nosotros le llamamos el barro y lo tiene que revolver eso y nosotros lo pisábamos con los píes, con los píes lo pisábamos y con la pala lo pasábamos hasta que se quedara liso, porque se le tiene que quitar las bolas. Las bolas de arena se tenían que desaparecer, quedar lodo, lodo. De ahí ya, esto lo hacíamos el día antes para al otro día, pues nos levantábamos a las cinco o a las cuatro de la mañana y en los moldes los hacíamos. Pues en un molde caben ocho ladrillos que tú los puedes hacer. Y los haces y ya los sacas y se quedan ahí formados en el molde.

El molde es de madera, nosotros lo pintamos para que no se pegue el lodo a la madera y ya salga derecho y los moldes se queden en el piso, y en una sola tarde se ponen un poco duros y es cuando les quitamos la rebaba. A la hora que tú lo aplastas para que no quede hueco por dentro, ahí sale la rebaba, o sea, lo feo que le sobra. De ahí ya queda la forma parejita porque son rectangulares. De ahí esperamos a que se sequen, que se pongan grises, porque cuando son todavía lodo quedan como café oscuro. De gris, hay unos hornos grandes que ahí caben… había de diferentes tamaños. Había unos que les caben treinta mil ladrillos, otros que les caben sesenta mil y otros más grandes que les caben noventa mil ladrillos. Pero ahí también es más trabajo porque los tienes que ir acomodándolos en el horno. Para cocer, hay señores que trabajan en eso.

Hay unas calderas que ellos lo arman ahí, el horno es como una casa pero al lado tiene un agujero grande y ahí en el agujero, ahí van las calderas, unas calderas que trabajan con petróleo. Afuera de eso está un tanque lleno de petróleo. Para cocer treinta mil ladrillos se necesitan dos mil quinientos litros de petróleo. Y de eso ya se pone a cocinar todo. En un horno de treinta millares son veinticuatro horas pero si son más, se va un día y medio.

Para comercializar el ladrillo, allá llegan camiones de otras partes o allá, en mi pueblo, ahí en el pueblo los señores que tienen carros. Ellos los transportan a otros estados, como a Pachuca Hidalgo porque allí hacen casas la gente que tiene dinero. La ladrillería es de mi papá y mi mamá pues donde nosotros vivíamos ahí trabajábamos, en un terreno que nos regaló mi abuelito. Le dio la herencia a mi papá y ahí hicimos nuestra casa y la ladrillería, claro que la ladrillería es sólo un terreno largo y plano, nada más. Ahí le digo que está un tanque donde nosotros hacíamos los ladrillos, los hacíamos en trincheras largas, los amontonábamos y de ahí después los llevábamos al horno y los procesábamos para que se cocinaran.

Este trabajo lo comencé como a los diez años, yo le ayudaba a mi mamá. Mi mamá era la que trabajaba solita pero yo le ayudaba y después, como a los trece, yo comencé a hacerlos yo mismo. Yo iba al colegio pero me levantaba a las cinco de la mañana a pesar de que yo entraba al colegio a las ocho. Me levantaba tan temprano porque tenía que trabajar, tenía que sacar quinientos ladrillos antes de irme para la escuela. Pero eso era cuando tenía trece años. Cuando tenía nueve, llegaba a ayudarla a hacer las carretillas de lodo y ya

34

mi mamá, ella no más lo echaba el barro en los moldes y hacía los ladrillos. Yo sólo le dejaba el lodo listo porque el tanque está lejos, entonces como es pesado, yo le ayudaba a pasar las carretillas de lodo. Le pasaba todo y cuando me iba ya estaba listo.

Mi papá casi nunca estaba con nosotros. La que mantenía la empresa era mi mamá. Era una microempresa porque pues no es tan grande y además hacíamos muy poquito, hacíamos como un millar de ladrillos, mil ladrillos así sin cocinar valía doscientos cincuenta pesos, como veinticinco dólares. Se ganaba poquito. Mil ladrillos y si mi mamá trabajaba sola, los hacía en dos días. O sea, se ganaba doce dólares al día, pero a parte ella tenía que cocinar, tenía que lavar la ropa, tenía que hacer eso y como yo, pues tenía nueve años, pues le tenía que ayudar. Yo desde chiquito, mi mamá y mi papá me enseñaron a lavar trastes, a cocinar, yo aprendí a cocinar.

Pienso que voy a ser buen marido, porque ella, porque mi mamá me enseñó a lavar, a cocinar, sé hacer sopa, unos huevos. Me gusta cocinar los *miciotis* que son de carne de pollo pero con chile picante, picante con una hoja de elote y lo ponen a cocinar. Con una hoja de elote se enreda así como un rollito y se pone a cocinar en unas ollas de vapor. Los meten como unas cuatro horas. Son parecidos a los tamales pero los tamales son hechos de masa, de masa con salsa y chile y también carne por dentro. A lo mejor ya se me olvidó porque ya son cuatro años aquí y ya no los he hecho.

De tanto trabajar
Cuando yo estuve más grande trabajé como medio

año de ayudante de chofer, iba casi todos los días. Cuando yo trabajaba en mi casa y había viajes por ahí cerca, pues me levantaba temprano y ya me iban a llamar a mi casa los chóferes de los carros. Como sabían donde vivía yo, pues me iban a llamar. Yo me ganaba dinero pero de todas maneras le tenía que dar a mi mamá. Mi mamá no me dejó nunca tener mucho dinero en las manos, siempre me quitaba todo. Sacaba yo mil pesos a la semana, pero ya matado, cansado de tanto trabajar.

Me molestaba que mi mamá me quitara el dinero pero era pues, como decía mi mamá, decía: "¿No quieres que te quite el dinero? Pues lávate tu ropa, cómprate tu comida, tu jabón, cocínate." A veces sí me enojaba pero pues ella era mi mamá, ¿qué podía hacer? Igual me vine, igual seguí ayudándoles.

La secundaria ni la terminé

A los trece años yo iba ya a la secundaria. Estaba en una técnica aprendiendo secundaria básica. Terminé la secundaria básica, bueno, ni la terminé. Pues, hice hasta tercero pero no me dieron mi certificado porque reprobé materias, reprobé inglés y español. Y por eso, en esos días yo todavía estuve un año allá en México y cuando fui a hacer los terminales y pues no los pasé. Los reprobé otra vez, porque cuando los tenía que hacer, en septiembre del 2001 no los pasé. En el 2002 ya no fui porque ya me vine para acá. Yo salí de mi pueblo el 16 de septiembre del 2002.

Yo tuve que venir aquí por falta de recursos porque en mi pueblo no había mucho, porque mi papá no, digo, él trabajaba pero el dinero no era suficiente para mantener a mi familia, a mí y a mis hermanos.

Me vine porque necesitábamos dinero, necesitábamos yo y mi familia. Yo me quería venir como por el 2000, el 2000 yo me quería venir pero yo estaba más niño y no me dejaron mis papás. Y ya después en el 2002, como mis tías estaban aquí, pues ellas llamaban y un día se le ocurrió decirle a mi mamá que si me quería venir. Y yo que sí. Le preguntaron a mi mamá y dice, "No sé, pregúntenle a él." Y yo les dije que sí y decidí venirme para aquí.

Para el viaje, mi tío conocía a un Coyote, un señor que pasaba gente. Y ya mi tía le dijo a mi tío que como yo me iba a venir, además como era yo solito que venía de mi pueblo, pues que él contactara a este señor. Mi tía lo mandó al Coyote, o sea mi tía le dijo a mi tío y mi tío lo mandó. Allá llegó otro muchacho, uno de Tlaxcala que también quería viajar. Mi tío y su tío de él se conocían y llegamos a una parte. El Coyote no más nos dijo que llegáramos a la frontera.

Comiendo las hormigas
Nosotros salimos de Puebla en bus hasta Nogales. De ahí yo venía con el muchacho, yo sin conocerlo. Pero en el camino, en el hotel sí nos hicimos amigos. En el hotel ya nos la pasábamos jugando porque estuvimos una semana en el hotel de Nogales. Y cuando veníamos en el bus, pues ahí no hablábamos porque no nos conocíamos. Yo no sabía quien era él y él no sabía quien era yo. Veníamos en el bus, de ahí tres días, tres días en el bus. Habían muchos retenes, muchas paradas, que así ya cansados de venir sentados. Los tres días ahí sentados, sin bañarnos ni nada, sólo ahí sentados. Si nos preguntaban, nosotros nos inventábamos partes, nunca les dijimos a donde

íbamos, a Tijuana les decíamos que íbamos. "¿A Tijuana? ¿Y por qué vienen en este carro?", "Porque vamos a Tijuana y de ahí a Nogales", eso les decíamos. Ya llegamos a Nogales, llegamos a la parada y salimos de la estación sin saber nada. Yo tenía como quince años cuando me vine y el otro chico, él tenía como diecisiete, también menor de edad. No más los dos. Cuando salimos de la estación del bus habían unos taxistas que nos querían llevar, pero el Coyote le había dicho a mi tía que si llegábamos a la estación, que por nuestra cuenta tomáramos un taxi y le dijéramos que íbamos a "Mi Hotelito". Teníamos que llegar ahí y pedir un cuarto. Nos cobraban doscientos pesos por día.

Estuvimos una semana ahí esperando que llegaran a recogernos. En esos días el que estaba encargado del hotel... yo creo que ya tenía contacto con el Coyote, él nos llevó a cortar el pelo ahí mismo en Nogales, nos llevó a la ciudad a comprar ropa pero con nuestro propio dinero. Ya de ahí estuvimos tres días. Salíamos a todos lados, ya sin conocer a nadie, salíamos a comer. Los teléfonos del hotel, pues de ahí no podíamos llamar porque no sabíamos si podíamos llamar a mi mamá. Teníamos que salir afuera a comprar tarjetas arriesgándonos pues porque veíamos que había mucha inmigración por ahí, pero la mexicana, que nos preguntaba que para dónde íbamos.

Nosotros llegamos un miércoles por la noche y el señor llegó el lunes, cinco días después. De ahí arrancamos. La vez que yo vine pues no fue tan difícil pues caminamos no más que como diez horas por el desierto, pasando las cercas y todo eso.

Lo peor fue esperar en el día y cuando me quedé

dormido y me estaban comiendo las hormigas. Me estaban picando porque salimos de día del hotel, eran como las cuatro de la mañana. Nos llevaron a donde íbamos a cruzar, a un lugar desierto. Nos bajamos ahí y nos estaban esperando. Como estábamos esperando más gente, como a los veinte minutos pasaron dos patrullas de inmigración alumbrando. Estábamos escondidos detrás de unos arbustos, éramos como sesenta personas. Me asusté porque yo estaba ahí sólo sin conocer a nadie, yo no más esperando que nos dijeran ya no más vamos. De ahí como a las seis de la mañana ya comenzamos a caminar por la montaña, pasamos un río pequeño, caminamos por bosques y todo eso. Íbamos caminando y veíamos las serpientes colgadas de los árboles. Caminábamos sin tener que dejar muchas huellas, por eso, por donde iba caminando el Coyote, tenía que pisar el otro, así para no dejar muchas huellas. Caminamos como diez horas. Pasé a Nogales, Arizona y ni sabía que ya estaba en los Estados Unidos.

Cuando ya estábamos en la ciudad, una camioneta estaba en una gasolinera y ahí nos metieron. Nos llevaron a un hotel y nos sacaron saliendo por atrás de la camioneta y entrando por el lado, para que no entráramos por la puerta del frente del hotel. De ahí nos llevaron al aeropuerto, y hay el problema fue cuando entramos en este aeropuerto allá en Arizona, porque el Coyote nos dijo "ustedes van a ir ... " nos dio algunas instrucciones pero nos dijo en inglés y nosotros sin saber nada. Andábamos viendo dónde estaban las letras esas. Que teníamos que ir al *messenger center* y ahí nos iban a sellar el boleto y luego a esperar el avión, nos iban a decir que en qué entrada teníamos que entrar al avión, pero nosotros sin saber nada. Íbamos caminando, ahí viendo. Encontramos a un señor hispano. Él nos entendió y nos explicó cómo que teníamos que hacer para chequearnos y nos dijo que luego viéramos la puerta que teníamos que entrar y que cuando escucháramos el número del avión, que ahí teníamos que entrar. Y sí, cuando estaba la puerta, sí estaba una puerta así a mano izquierda. Nos sentamos en las primeras sillas y veíamos los aviones cómo pasaban y cuando veíamos que se ponía el avión ahí, yo le dije al otro "ése es el de nosotros" y sí, como a los veinte minutos ahí nos fuimos.

Y nos vinimos en el avión. Y cuando se levantó, yo digo pues ahí, el estómago sentí que se me revolvía. Cuando aterrizó otra vez, pues me agarraba las manos del asiento. Llegué a Newark. Allí ya llegando, agarramos otro taxi, sin hablar inglés ni nada de eso. Ni el muchacho con el que venía, ni yo, ninguno hablaba inglés. La taxista era una mujer.

Esperaba muchas cosas diferentes
Esperaba muchas cosas diferentes. Esperaba hacer dinero, hacer mi casa. Yo desde que me contaba mi tía, decía que trabajar en restaurantes. El viaje era costoso pero igual me entusiasmé. Todo me costó 1.900 dólares, todo, todo. Más lo que me dieron en México, fueron trescientos dólares más, fueron como dos mil doscientos por todo.

Así, yo aquí llegué al Bronx, con mi tía. Con mis dos tías porque vivían juntas. Ellas son hermanas de mi papá. Las dos trabajan, una en un restaurante y la otra en una factoría. De primero bien pero ya después, cuando estuve dos meses sin trabajar porque mi tía tenía que trabajar, mis cuatro tíos trabajaban, mis dos tías y sus esposos, y pues, no había nadie quien me consiguiera trabajo. Y yo nada, pues yo estaba en mi casa y no sabía nada, no sabía salir. Hasta cuando mi tía descansó un viernes y me ayudó a buscar trabajo. Y de esa vez, yo iba mirando, cuando llegamos a la treinta y cuatro, mi tía me ayudó. Entrábamos a los restaurantes a pedir trabajo y nos decían que no. Salíamos, entrábamos a otro y nos decían que no. Ya como… también mi tía se cansó de andar preguntando. Pues como a ella casi no le importaba tanto que yo trabajara, pues me dijo ya vámonos. Ya después mi tía encontró a unos amigos que vivían por ahí cerca y ellos me dijeron de un restaurante. Entraba a las cinco de la mañana y salía a las tres de la tarde. Estaba de *delivery boy*, ahí yo trabajé una semana. Me botaron porque no sabía nada. De ahí me fui a trabajar con mi otra tía que trabajaba en la factoría. Ella trabajaba en una factoría como de oro, no de puro oro sino como de chapa de oro. Pues ellos me enseñaron a pulir el oro con las máquinas para hacer joyas bañadas en oro. Lo pulíamos para que quedara brilloso y de ahí trabajé tres meses.

Ese trabajo no, no me gustó porque era en Queens y yo vivía en el Bronx y me quedaba lejos. Y mi tía ahora sigue trabajando ahí. Cuando yo entré me pagaban cinco cincuenta la hora, pero pues no me alcanzaba, era muy poquito. Tenía que salir de mi casa a las siete de la mañana para llegar al trabajo a las nueve. De ahí comíamos a la una y teníamos que pagar por nuestra propia comida. A veces salíamos hasta las ocho, llegaba a mi casa hasta las diez o las once de la noche. De ahí no ahorré nada, la mayoría lo ocupé para pagarle a mi tía que me trajo. Le pagué los 2.200 dólares de mi viaje, eso fue lo que le pagué a mi tía. Todo el tiempo trabajando pensaba en hacer dinero, pero pues, lo que yo soñaba pues no lo pude comprar. Mi sueño era comprar un terreno para hacer mi casa y no lo pude comprar. Todavía, pues no pierdo la esperanza, algún día lo voy a comprar. Me gustaría comprar allá en México.

Después del trabajo con mi tía, de ahí me salí y me fui a trabajar con mi primo, ahí mismo en el Bronx. Trabajé con él como año y medio, igual, como *delivery boy*, Pero ahí ya conocía más, todo, yo ya conocía las calles, conocía todo. Yo era el mejor *delivery boy* que estaba allá, yo era el que mandaba los *delivery boys*. Yo entraba a las seis de la mañana y salía a las tres, era un buen trabajo, ya salía yo y mi patrón me pagaba bien. Me pagaba doscientos cincuenta dólares la semana, más aparte las propinas que yo hacía y como yo era el mejor, me daban *deliveries* grandes y como ya aprendí a hablar un poquito de inglés pues me iba mejor. Me llevaba los *deliveries* grandes porque llevaban fruta, sandwiches y todo eso, todo para empresas, para oficinas en los *buildings* grandes. Ahí estaba yo bien.

Una vez me peleé yo con el patrón porque me quería cortar. Yo trabajaba cinco días no más pero él quería que trabajara un día más, un día más pero por el mismo dinero, como él veía que yo estaba ganando buen dinero, pues quería que trabajara un día más.

Antes que me agarraran —este caso ya tiene como medio año—, y cuando me agarraron en agosto, cuando yo estaba afuera, yo estaba trabajando. Yo ya trabajaba en la cocina en un restaurante, yo era ensaladero, hacía ensaladas. Entraba a las cinco de la mañana y salía a las dos de la tarde. Me pagaban bien, cinco días. Yo tenía un poco de dinero pero ahora ya se acabó porque ya todo me lo pusieron aquí. Para poder comer aquí, hacer las llamadas, ya pues ahora cuando salga, pues voy a trabajar y tener un nuevo dinero para hacer una nueva vida.

Todo se lo mandaba a mi mamá

Tenía poco dinero de mi trabajo. En realidad yo ahorrar, ahorrar, yo no ahorré nada, todo se lo mandaba a mi mamá. Con ése acabaron de construir bien mi casa, la casa donde vivimos ahorita. La casa cuando yo me vine de allá, no tenía ventanas, sólo estaba la base pero no tenía nada, los puros cimientos. Ahora ya está revocada, tiene piso de loza, tiene muebles, tiene todo. Ahora yo le mandé dinero a mi papá para que se comprara un coche para que lo tuviera. Ellos están contentos, ya está mejor nuestra casa. Cuando yo estaba afuera en la calle, ellos me mandaron fotos. Pues ya la casa está mejor, pues estoy contento por eso sí, pero pues ahorita pues ya no la puedo ayudar. Ahorita pues estoy aquí. Pues después los voy a ayudar.

Celebrando en "Las Rocas"

En todo este tiempo en "Las Rocas" han pasado fechas importantes y vienen otras. Yo cumplo veinte en enero. Ya viene la navidad, el año nuevo, ya pasé el cumpleaños de mi mamá, el de mi hermanita. El día que salí de mi pueblo y el día que llegué aquí, los dos días, los dos aniversarios los pasé aquí, aquí en "Las Rocas".

Para los cumpleaños, allá es diferente que aquí.

Allá pues mi mamá, mi mamá se preocupa por uno, que cuando es el cumpleaños mío, de mi hermano, de mi papá. Cuando es el mío, mi mamá me dice "¿Qué quieres que te haga de comer?" Yo le pido, pues los miciotis o la comida que más me gusta. Lo que mucho me gustaban eran las gorditas rellenas de fríjol por dentro. Pero a mí me gustaban con aceite, con una salsa picante y con una crema de vaca.

Mi mamá hacía los miciotes mismos y la tortilla a mano. Ella las hacía en la prensa y tenía un comal hecho de barro. Como allá nosotros teníamos los ladrillos y todo eso, pues hacíamos el comal de barro. Con el comal de barro, ella tenía leña y lo prendía con el comal al lado. En mi casa hay estufa pero como a ella le gustaba hacer las tortillas a mano, era lo único que cocinaba a leña. Ella tenía estufa de gas, tenía la licuadora, tenía todo, porque allá mi papá, como él sabe más, mi papá se iba de viaje y cuando tenía buen trabajo, él se iba y le traía su licuadora, así, cositas, además que le traía platos… como el trabajaba en una fábrica de loza.

Después me van a deportar
En "Las Rocas" tengo que hacer el tiempo y después me van a deportar. Cuando me deporten, si me dejan en la frontera, pues me regreso. Pero si me mandan hasta allá, al Distrito Federal, pues ya son sólo como cuatro horas a mi pueblo. Si me dejan en la frontera, pues mi papá tiene hermanos en Arizona, tiene el más grande y el más chico, son mis tíos, y el más chico me dijo cuando estaba afuera que me fuera para allá. Pero pues no le hacía caso, pero ahora sí que me gustaría. Si me dejan en la frontera, lo voy a llamar

y le voy a explicar para que me ayude a pasar, pero primero hay que salir de aquí.

El amor lo dejé en México
Pues el amor lo dejé en México pero aquí ya me encontré otro. Pues desde los trece años yo tenía mi novia. Se llama Natalia, pero ella está allá y yo no la he llamado desde… yo todavía le llamaba cuando estaba afuera pero hace como cuatro meses que no le he llamado. Antes que yo me viniera, yo me iba a juntar con ella, me la iba a traer, de quince años y me la iba a traer para acá. Hasta ahora yo que sepa no hemos terminado pero eso es lo malo, que tengo otra novia aquí. Ella se llama Brenda y es de Pachuca Hidalgo, es mexicana. Ella es mi novia, mi novia en los Estados Unidos. Sí, Brenda es la que…, ella no puede venir, tiene dieciocho años, pero ella está en su casa, con su hermanito lo cuida. Ella no trabaja porque su mamá y su papá trabajan. Ella es la más grande y cuida a su hermanito, el más chiquito, tiene un año y ella lo cuida.

Yo tengo una niña con otra muchacha. Ella se llama Lucila y es de mi pueblo. La niña acabó de nacer el veintiséis de octubre. Yo estaba aquí. Ayer ya me llegaron fotos de ella pero las tengo en la celda. Se llama Jennifer.

Con la mamá de mi hija no me llevo tan bien. Cuando estaba afuera yo no le hablaba porque sólo se enojaba. Yo la llamaba por teléfono y no me contestaba. También por eso es que yo me olvidé de ella y conocí a Brenda. Lucila sí quiere mi paternidad. Su hermano acepta que yo soy el papá pero no quiere que vaya a ver a mi hija. Pues ahora no sé, pues no he hablado con ellos, ninguno de los dos. Pues les hablo pero más pa preguntar que cómo está la niña. Yo hablé con ella de eso, que cuando salga la voy a ir a ver.

Yo no sabía que había nacido mi niña. Yo le había llamado como tres días antes, fue un jueves cuando nació la niña y yo le llamé el domingo y me habían dicho que no estaba. Yo le llamé, después cuando me dijo mi tía que ya había nacido mi hija. Le llamé a ella el lunes. Cuando yo le llamé a ella, luego la escuché. Y le pregunté, "¿Y cómo está?" y me dice, "Aquí está," me dice, "Está llorando ya." Yo tengo las fotos allá en la celda.

¿Qué le puedo ofrecer a mi hija? Pues, la verdad no sé todavía. Primero salir de aquí para hablar con ella y todo eso. Yo esperaría para ella algo mejor que lo mío. Como ella es mujer, cuidarla, cuidarla mucho. Sí porque ella es mi hija, no quiero que nadie se le acerque.

Olvidarme de lo que hice en el pasado

Yo, pues quiero salir de aquí y hacer otro tipo de vida, olvidarme de lo que hice en el pasado. Cuando yo llegué, cuando ya hace dos años, pues yo me volví un pandillero pero ya pues ahora ya me arrepiento. Ya olvidarme de eso, ya hacer mi familia, cuidar a mi hija. Ya cambiar, pues ya estoy resignado a cambiar. Cambiar mi tipo de vida nada más. Me gustaría trabajar, estar en mi casa con mi familia, así o irme para México y estar con toda mi familia, mi papá, mi mamá, mis hermanos, allá, estar allá. Volverme un hombre de familia, asentarse, ya salir de aquí. Y no llevo mucho tiempo, llevo más que tres meses pero ya quiero salir. No es lo mismo estar aquí encerrado que estar allá afuera, aquí pasar problemas, que tiene que cuidarse de uno, andar caminando por los pasillos, ahí, o cuando va uno a corte, que estar sufriendo todo el día sin comer, quedarnos encerrados allá en una celda, con varios presos, ahí, estar ahí. No, este tipo de vida no me gusta. Tener mi trabajo y trabajaba yo.

Pues por eso para la navidad que ya viene pues le pido a Santa Claus que me saque de aquí. Que me saque. Sí, es lo único que le pediría. Porque ya no aguanto estar aquí, más tener que formarse para comer, tener que estar ahí. Levantarse a las seis de la mañana para desayunar. No, eso no, no me gusta a mí. ¿Y qué? Me tengo que aguantar hasta que salga yo de aquí.

Tello

Nailed in forever

I'm from Cholula, Puebla. San Diego, Cuachayotla, that's where I live. My dad's name is Adalberto. My mom's name is Guadalupe, she's a year older than my dad, she's 41. I'm the oldest. Then there's my brother, Gumaro, then my brother Fernando, my brother Federico and my little sister, the youngest, I haven't met her, her name is Maira. I don't know her because when I came, I came in September of 2002, and she was born on December 7th, so I never met her. When I was on the outside I had pictures of her, one when she one year old, I don't know what she looks like now.

I know my grandparents, my dad's parents, my mom's are already deceased. Well, my grandma, yeah, I knew my grandma but I was eight when she died and now we've only got my dad's parents left. When I was there I had a good relationship with them, because we lived together for a while. Before we built our house, we lived with them for a while –for like ten years. We all lived in one room. My dad, my mom, and the four kids. My sister wasn't born yet. The four kids and my parents, all of us in this one little room. We were all there, and we had our furniture. Everything was stacked on top of each other, we didn't have much.

My grandma was good people, but not my grandpa because he had a bad temper and he'd fight with my grandma. When you're little, you're restless, and we'd go into his room and cause trouble, we'd jump on their beds and they'd get mad and kick us out. At my grandpa's house there was a big yard, and he'd go out there and chase us around. My grandma liked to plant a lot of flowers, so we'd run between the flowers, we'd cut their leaves, I mean, their petals, and then my grandma would come out and yell at us.

I love them both, my mom and dad, but I admire my father more, no doubt. Yeah, my dad, because he's always working. Because when I was about a year old, he had an accident. 'Cause he was wandering around with his friends, he was drunk and he had his boss' car. Another truck came along and ran into my dad's car and he got out to talk to the guy. When my dad got up to the window, the truck pulled out and dragged my dad with it for a bit. And when he freed himself, at the exact moment he freed himself, he got stuck under the hubcap and the truck ran over him, this four-ton truck ran over him. He had surgery on his knees, he was near dead. Because of that accident, he's got a screw in his knees, nailed in there forever, and when it's cold he says it hurts a lot. So, my mom told me that my dad almost died when I was one and my mom was pregnant with my other brother.

I admire my dad because even though he had that accident, he kept fighting. He was supposed to be in bed for six months, but two months into it he got up because my mom didn't have anything to feed us. I mean, my mom was going to give birth, and my dad wasn't working, he was laid up in bed, and run out of money. And so he had to get out of bed. He doesn't walk right, his left leg is bad, yeah it's bad and when he walks and when it's cold in the winter, that leg hurts a lot. Thank God my dad is ok now, even though he's not doing great, because he had surgery this year, and so did my mom. I don't know what kind of surgery but they were sick.

For every trip he takes

My dad is a driver; he drives a trailer transporting floor tiles. His boss is from San Luís Potosí and he travels all over the Republic. The last time I called him, he told me that he'd gone to Monterrey and back to San Luis. From San Luis he went to Campeche and Yucatan, from there he went home, to Puebla.

I used to go on a lot of my dad's trips with him. It was hard because he had to stay up all night, stay awake. If he had a long trip, he had to, for example, you have to drive for three days and nights to get to Monterrey. He had to drive day and night. If he got there in the morning, around eight, he wouldn't get to sleep because from there he had to wait for them to take off the cargo that he had and he had to pay attention to what they were taking off, walk around counting boxes. He had to because if he ended up missing anything…well, it's just so he can avoid any trouble, he was real cautious, my dad. So, you know, he's a hard worker, but I'm not sure if he's still working now.

What I liked the best was getting to see other states, but we'd just blow through because my dad's time is limited. We passed through, but not much more than that, what matters to my dad is working and earning more money, because they pay him for each trip he makes. The trip's really tough but especially for him. Sometimes we sleep, I mean, I sleep because it's a big car, there's part of it where he drives and the other part is the cabin. He tells me, "If you want to go to sleep, go to the cabin and sleep." But not him, he'd keep driving because he had to get to the destination he was going to.

The food is a good thing, too. We'd go to the rest-stops on the highways and eat there, he knows where they are because he's been coming for years, he was 19 when he started and he's 40 now, that's 21 years working, always as a driver. I mean, of course, he started as a helper and then he learned how to drive, he learned everything. We'd go past the rest-stops and look over what they had on the menu. I like to eat fried eggs and rice with hot sauce. That's what I liked best. All my food is spicy, but here, I had to get used to the fact that they don't make it spicy. They don't make it spicy, almost everything is sweet, but what can you do? You gotta eat.

Shaped from the mold

We had a brick kiln. It's very hard work, but my mom worked with us, she worked like a man. To get it done, you have to take the sand and add water, and then another kind of sand, they're different types of sand. We call it clay and you have to mix it and so we stamp it with our feet, we stamp it with our feet and pass over it with a shovel so that it's smooth, because you have to get out the bumps. The bumps of sand have to disappear, it's got to be like mud. Once that's done, we did that the day before because the next day we'd get up at five or four in the morning and make the molds. Eight bricks fit into one mold so you can make them. So you make the bricks and you take them out and they're right there, shaped from the mold.

The mold's made out of wood, we paint it so that the mixture won't stick to it and it'll come out straight and the molds stay on the floor, and in just one afternoon they get a little hard and that's when we wipe off the excess. Once you press down so that there aren't any holes between the mold and the mixture, that's when the excess comes out, you know, the nasty, extra stuff. From there, it all takes the same shape because they're rectangular. So then we wait for them to dry, to turn grey, because when they're still wet they look like black coffee. Once they're grey, there are big ovens they fit into, there were different sizes. There were some that fit 30,000 bricks, other that fit 70,000 and other, bigger ones that fit 90,000 bricks. But there's a lot work that goes into that part, too, because you've got to go adjusting them in the oven. There some men who are just in charge of the firing. There are some boilers they put together there, the oven is like a house but next to it there's a big hole and in the hole that's where the boilers go, the boilers run on gas. Outside of that there's a tank full of gas. To fire 30,000 bricks you need 2,500 liters of gas. And then everything's ready to cook. In an oven with

30,000 inside it'll take a day, but if it's more it's a day and a half.

Some trucks come from other places to sell the bricks, or from there, from my town, there are some men in town who have cars. They transport them to other states, like to Pachuca Hidaldo because there the people have money and build houses. The brick kiln is my dad's and my mom's, it's where we lived and where we worked, on a piece of land my grandpa gave us. He handed it down to my dad and that's where we built our house and the kiln, of course, the kiln stands alone by itself on a flat, wide piece of land. That's where I was saying the tank where we made the bricks was, we made them in long trenches, we piled them up and brought them into the oven from there and processed them so they would cook.

I started working at that when I was ten years old, I helped out my mom. My mom was the one working there by herself but I helped her and then later, when I was about 13, I started to make them myself. I went to school but I woke up at five in the morning even though I didn't go to school until eight. I woke up that early because I had to work, I had to take out 500 bricks before I went to school. But that's when I was 13. When I was nine, I got there and helped out my mom to fill the wheelbarrows up with the mixture and my mom, she just put it in the molds and made the bricks. I only left her the mixture ready because the tank was far away, and 'cause it weighs a lot, I helped her to take the wheelbarrows. I passed everything off to her and when I was leaving, it was all ready.

My dad was almost never with us. My mom ran the business. It was a small business, we didn't make that many, we'd make like a thousand bricks, a thousand bricks without cooking them was worth 250 pesos, like 25 dollars. You couldn't earn much. A thousand bricks and if my mom was working alone, it took her two days. So, she earned 12 dollars a day, but besides that, she had to cook, she had to do the laundry, she had to do this and that and because I was nine, I had to help her. Since I was a little kid, my mom and my dad taught me to wash the pots and pans and to cook, I learned to cook.

I think I'm going to make a good husband, because she, because my mom taught me to wash, to cook, I know how to make soup, some eggs. I like to make *miciotis* which is chicken meat with hot chilis cooked in a corn husk. With the corn husk you roll it up just like that and cook it in a pressure–cooker. You put it in for about four hours. It's like tamales but tamales are made out of dough, dough with salsa and chili and a little bit of meat inside. I might have forgotten how, though, because it's been four years since I've made them.

From working so hard

When I got older, I worked for six months as an assistant–driver, I went almost every day. When I worked at home and there were trips nearby, I'd get up early and the drivers would call my house. I mean, they knew where I lived so they were going to call. I earned money, but I had to give it all to my mom anyway. My mom didn't let me have very much money in hand, she always took it all. I got 1,000 pesos a week, half-dead, tired from working so hard.

It bothered me that my mom took my money, but

like my mom used to say, "You don't want me to take your money? Well, fine, you wash your own clothes, make your own food, your own soap, cook for yourself." Sometimes I'd get mad but she was my mom, but what could I do? So I came here, and keep helping them.

I didn't even finish middle school

When I was 13, I was in middle school. I was in a technical school in basic classes. I finished the basic classes, well, no, I didn't even finish them. I made it up to 8th grade but they didn't give me the certificate because I failed English and Spanish. And so in those days when I was still in Mexico, I went to take the finals but I didn't pass them. I failed them again, because when I had to do them in September of 2001, I didn't pass them. In 2002 I didn't go because I was already here. I left my hometown on September 16, 2002.

I had to come here because of a lack of resources 'cause in my town there wasn't much of anything, because my dad, no, I mean, he worked, but the money wasn't enough to support me and my family. I wanted to come here in 2000; I wanted to come in 2000 but I was too little and my parents wouldn't let me. So then in 2002, my aunts were over here, they'd call and one day it occurred to them to ask my mom if I wanted to come. I said yes. They asked my mom and she says, "I don't know, ask him." And I told them yes and I decided to come here.

For the trip, my uncle knew a *coyote*, a man who got people over the border. And my aunt told my uncle that I was going to come, and that I was coming by myself from my town, and for him to get in touch with that man. My aunt got the *coyote*, I mean, my aunt told my uncle and my uncle sent him. There was another boy there, one from Tlaxcala who also wanted to come. My uncle and his uncle knew each other and we went to this place. The *coyote* didn't tell us anything other than we'd get to the border.

Ants Eating

We left Puebla in a bus heading for Nogales. I was coming with the other boy, I hadn't met him yet. But on the way, in the hotel we became friends. In the hotel we spent time playing around because we were in this hotel in Nogales for one week. And when we were on the way in the bus, we didn't talk or anything because we didn't know each other. I didn't know who he was and he didn't know who I was. We came on the bus, it took three days. There were a lot of stops, so we were tired of sitting. Three straight days sitting up, without showering or anything, just sitting there. If they asked us, we'd make it up, we'd never tell them where we were going, we told them we were going to Tijuana. "To Tijuana? And why are you on this bus?" "Because we're going to Nogales and then to Tijuana," that's what we'd tell them. We got to Nogales, we got to the stop and we left the station without knowing anything. I was about 15 when I came and the other boy, he was about 17, also underage. Just us two. When we left the bus station, some cab drivers wanted to give us a ride, but the *coyote* had told my aunt that if we got to the station and that we should get in a taxi by ourselves and tell him that we were going to "Mi Hotelito." We had to get there and ask for a room. They charged us 200 pesos a day.

We were waiting there a week for them to come and get us. During those days the guy who was in charge of the hotel, I think he was in touch with the *coyote*, he took us to get haircuts right there in Nogales, he took us into town to buy clothes, but with our own money. We'd already been there for three days. We'd go out everywhere, not knowing anybody, we'd go out to eat. The telephones in the hotel…well, we couldn't call from there because we didn't know if we could call my mom. We had to go out and buy phone cards, which was a pretty big risk because there were lots of immigration police around there, the Mexican ones, and they'd ask us where we were going. We got there Wednesday night and the man showed up Monday, five days later. We took off from there. The time that I came, well, it wasn't all that difficult –we didn't walk more than ten hours in the desert, going past the fences and all that.

The worst was waiting during the day and also when I fell asleep and the ants were eating me. They were biting me because when we left the hotel during the day it was like four o'clock in the morning. They took us to this deserted place where we were going to get across. We were waiting for more people, and about twenty minutes later two immigration patrols went by with flashlights. We were hiding behind some bushes, there were like 60 of us. I got scared because I was there alone, not knowing anyone, I was waiting for them to tell us we weren't going anymore. We left around six in the morning, started walking over a mountain, over a little river, through the woods and everything. We were walking and saw snakes hanging from the trees. We had to walk without leaving a lot of footprints, so where the *coyote* stepped, you stepped, so you didn't leave more footprints. We walked for about ten hours. I got into Nogales, Arizona and didn't even know that I was already in the United States.

When we were in the city, there was a truck at a gas station and we got in. They took us to a hotel and they took us out of the back of the truck and going in the side so that we wouldn't go through the front door of the hotel. They took us from there to the airport, and there's a problem when we get to the airport over in Arizona because the *coyote* told us, "You all are going to go…" and then gave us some instructions but he said them in English and we didn't know a word. We were wandering around looking for those letters. We had to go to the messenger center and there they were going to stamp our tickets and we could wait for the plane, they were going to tell us where we had to go to catch the plane, but we didn't know a thing. We were walking around, looking. We found a Hispanic man. He understood us and explained what we had to do check ourselves in, and he told us that later we'd see the gate we had to go to and when we heard the plane's number, that's where we had to get on. And yeah, there was the gate, just to the left. We sat in the first row of chairs and watched the planes going by and when one stopped in front of us, I said to a guy, "That one's ours," and about twenty minutes later, we got on.

And we got here by plane. And when it took off, I'm telling you, it felt like my stomach turned upside down. When it landed again, I grabbed onto the armrests. I got to Newark. After we got there we took a taxi, without speaking any English or anything.

Not me or the boy who I came with, neither one of us spoke any English. The cab driver was a woman.

I expected a lot of different things

I expected a lot of different things. I expected to make money, build my house. Ever since my aunt mentioned it, she told me that there was work to be had in restaurants. The trip was expensive but I was up for it. It cost me 1,900 dollars total, for everything. Plus what they gave me in Mexico, 300 dollars more, it was like 2,200 all together.

So, I got to the Bronx with my aunt. With both my aunts because they lived together. They're my dad's sisters. They both work, one in a restaurant, the other in a factory. At first it was all good but then later, after I'd been two months without work because my aunt had to work, all four of them had to work, my aunts and their husbands, so there was no one to get me a job. I didn't do anything, I sat in my house, I didn't know anything, I didn't know how to get around. Then my aunt had one Friday off and she helped me look for work. And that time, I was looking around, when we go to 34th, my aunt helped me. We went into the restaurants and asked for work and they told us no. We'd leave, go the next place and they'd said no. It was like…my aunt got tired of going around asking, too. I mean, she didn't really care if I worked or not, she said, "That's it, let's go." A little later, my aunt ran into some friends who lived nearby and they told me about a restaurant. I went to work at five in the morning and I got out at three in the afternoon. I was a delivery boy, I worked there for one week. They axed me because I didn't know anything. From there, I went to work at the factory with my other aunt. She worked in a gold factory, not like pure gold, but they made gold-plated stuff. They showed me how to polish the gold with the machines that makes the gold-dipped jewelry. We'd polish it so it'd be brighter and I worked there for three months.

No way, I didn't like that job because it was in Queens and I lived in the Bronx and it was far away. My aunt's still working there. When I started they paid me 5.50 an hour, but I couldn't make ends meet, it wasn't enough. I had to leave my house at seven in the morning to get to work at nine. We'd eat there at one and we had to buy our own food. Sometimes, we'd work 'till eight, I'd get home at ten or eleven at night. I didn't save anything working there, I spent it paying back the aunt who brought me over. I paid her the 2,200 dollars from my trip, that's what I paid her. The whole time I was working, I was thinking about making money, but I couldn't buy the things I dreamed about. My dream was to buy a piece of land to build a house on, and I couldn't buy it. Still, though, I'm not going to lose hope, one day I'll buy it. I'd like to buy down in Mexico.

After working with my aunt, I left and went to work with my cousin, right there in the Bronx. I worked with him for a year and a half, just like before, as a delivery boy. But I knew more by then, I knew all the streets and everything. I was the best delivery boy they had, I was the one in charge of the other delivery boys. I went to work at six in the morning and got out at three, it was a good job, my boss paid me good money. He paid me 250 dollars a week, plus tips that I made and because I was the best, they gave me big deliveries and I learned a little bit of English so I was doing good. They gave me the big deliveries because they had fruit in them, sandwiches and all that, going to big companies, to offices in big buildings. I was good there.

I got in a fight once with the boss because he wanted me to work more. I was working five days a week but he wanted me to work one more day, one more day but for the same amount of money, because he saw that I was making good money and he wanted me to work an extra day for it.

Before they took me in –it's been about six months since the case started now– when they took me in August, I was working. I was working in a restaurant kitchen, I was the salad-maker. I went to work at five in the morning and got out at two in the afternoon. They paid me well, worked five days. I had a little money but not anymore, it all got used up when I got put in here. You know, being able to eat in here, make phone calls, now when I get out I'm going to work and make new money for a new life.

I sent it all to my mom

I didn't have much money from my job. Saving, really saving, I didn't save a thing, I sent it all to my mom. They used it to build my house, the house we live in now. The house didn't have windows when I left to come here, there was just the foundation, just the cement. Now it's plastered and everything, it's got a tile floor, it's got furniture, it's got everything. I sent money to my dad so he could buy a car to have. They're happy, they're better off in our house. When I was on the outside, they sent me pictures. The house is better, and I'm happy, sure, but right now I can't send any money to help with it. Right now, I mean, I'm here. I'll help them after.

Celebrating on "The Rocks"

All this time out here on "The Rocks", important dates have gone by and others are coming up. I turn 20 in January. And Christmas is coming up, New Year's, my mom's birthday came and went, my little sister's. The day I left home and the day I got here, both those days, both those anniversaries I spent in here, here on "The Rocks".

Birthdays over there are different than they are here. There my mom, well, my mom goes to a lot of trouble when it's my birthday, or my brother's or my dad's. When it's mine, my mom says, "What do you want me to make you?" I ask for *los miciotis* or the food I like best. I used to like *gorditas* with beans a lot. But I like them with oil, hot sauce and cream.

My mom made the *miciotis* and the tortilla by hand. She made them in the tortilla press and she had a ceramic griddle, a *comal*. I mean, we had the bricks and all, we made the *comals*, too. With the *comal*, she had fire wood and she'd light a fire next to the *comal*. In my house there's a stove, but she liked to make tortillas by hand, it was the only thing she made over a fire. She had a gas stove, a blender, she had everything because my dad, I mean, he knows more, so he'd go one trips and when he had a good job, he'd go and bring back a blender, just like that, little things, and plates, too. I mean, he was working for a tile factory.

And then, I'm going to get deported

I have to do time on "The Rocks" and then I'm

going to get deported. When they deport me, if they leave me by the border, I'm going to come back. If they send me all the way there, to Mexico City, well, it's only four hours from there to my hometown. If they leave by the border, my dad has brothers in Arizona, the oldest and the youngest, they're my uncles, and the youngest one told me when I was on the outside to go over there. But I didn't listen to him, but now I'd like to go. If they leave me on the border, I'm going to call him and I'm going to explain it so that he can help me get across but first I've got to get out of here.

I left my love in Mexico

I left my love in Mexico, but I found another one here. I had my girlfriend since I was 13. Her name is Natalia, but she's over there and I haven't called her since…I was still calling her when I was on the outside but I haven't called her for about four months. Before I was coming here, I was going to be with her, I was going to bring her here, she's only 15, and I was going to bring her here. As far as I know, we haven't split up, but that's bad because I have another girlfriend here. Her name is Brenda and she's from Pachuca Hidalgo, she's Mexican. She's my girlfriend, my girlfriend in the United States. Yeah, Brenda's the one that…she can't come, she's 18, but she's at home, she takes care of her little brother. She doesn't work because her mom and dad do. She's the oldest and she takes care of her little brother, the youngest one, he's one and she takes care of him.

I have a daughter with this other girl. Her name is Lucila and she's from my town. The baby was just born on October 26th. I was here. Yesterday I got pictures of her but I've got them in my cell. Her name is Jennifer.

I don't get along that well with my daughter's mom. When I was on the outside I didn't talk to her because she'd get mad about nothing. I'd call her on the phone and she wouldn't answer. I guess that's why I forgot about her and met Brenda. Lucila does want me to be the baby's father. Her brother accepts that I'm the dad but he doesn't want me to go and see my daughter. But now I don't know, I haven't talked to them, either of them. I mean, I talk to them but just to ask how the baby is, that's it. I talked to her about that, and when I'm get out I'm going to see her.

I didn't know that my baby had been born. I had called like three days before, she was born on a Thursday and I called on Sunday and they told me that she wasn't home. I called her, and later my aunt told me that my daughter was born. I called her Monday. When I called her later, I got to talk to her. I asked, "And how is she?" and she said, "She's right here," she says, "And now she's crying." I have the pictures in my cell.

What can I offer my daughter? Well, the truth is, I don't know yet. I want to get out of here first and talk to her and all that. I want something better for her than what I got. I mean, she's a girl, so, take care of her, take a lot of care of her. Yeah, because she's my daughter, I don't want anyone to come near her.

Forget about what I did in the past

Me, well, I want to get out of here and make a different kind of life for myself, forget about what I did in the past. When I got here, two years ago, I got into gangs and stuff and now I regret it. Forget about that, have my family, take care of my daughter. And change, I'm resigned to changing. Changing my lifestyle, that's it. I'd like to work, be in my house with my family, or go to Mexico and be with my whole family, my dad, my mom, my brothers and sister over there, be over there. Become a family man, settle down, get out of here already. I haven't been here long, I've been here a little over three months, but I want out. It's not the same being locked up as being on the outside, here there's trouble, you have take care of yourself walking down the hallways, or when you go to Court you have to go through the whole day without eating, locked up in a cell with other prisoners, being there. No, I don't like this kind of life. I used to work, have my job.

So with Christmas coming up, I'm asking Santa Claus to get me out of here. Get me out of here. Yeah, that's the only thing I'd ask him for. Because I can't stand being here, lining up to eat, just having to be here. Getting up at six in the morning for breakfast, it's not for me. And, so what? I have to stand it until I get out of here.

ID"PA"
Saberla Vivir

Soy ID"PA", caleño y tengo 19 años. Mi papá se llama José y mi mamá se llama Marleny. Somos cuatro hermanos. Uno hombre, el mayor, y dos hermanas, una de veintidós y otra de catorce años. El mayor, veinticuatro. Yo soy el tercero. Mi papá está en Colombia, estuvo mucho tiempo acá en Estados Unidos pero ahora está en Colombia y es taxista. Aquí está es mi mamá, ella trabaja con el MTA y vive aquí con todos mis hermanos. El único que está allá es mi papá.

En el San Judas

Mi infancia fue mitad aquí en los Estados Unidos y mitad en Colombia. Viví hasta los doce en Colombia. Yo vivía en Cali, en el barrio San Judas. Ya mi papá estaba acá, se había venido a buscar oportunidades para mi mamá y nosotros, los hermanos. Mi papá primero se vino por la frontera, porque eso por allá estaba muy malo. Mi mamá se quedó con nosotros hasta que le dieron la visa a ella. Así, al tiempo mi mamá se vino en avión, con visa de turista y se quedó, aunque todavía no habían arreglado los papeles. A nosotros nos dejaron con mi abuela por mientras estaban haciendo los papeles para que nosotros viniéramos también con la visa de turista. Mi mamá se vino y estuvo con mi papá. En la distancia nos tocaba así, pues comunicarnos por teléfono.

Toda la vida con mi abuela, toda la vida, bueno hasta los once o doce cuando me vine a Nueva York con mi mamá. Sino que mi mamá iba y volvía, siempre de ida y vuelta. Pero siempre nosotros nos quedamos con mi abuela, claro que antes de que mi mamá se viniera, creo que hubo una discusión con mi abuela y por eso al comienzo ella nos dejó con una amiga, casi familiar con nosotros.

Después la abuela estaba dedicada a eso, al hogar no más, a cuidarnos a mi y a unos cuantos primos. *That's it*. En realidad ella se preocupaba. La abuela trabajaba duro con las cosas del hogar, nos daba que su cafecito que era bien rico, al estilo de pueblo, con su pancito que ella misma hacía… bueno, ese era el primero, el de las seis de la mañana, pa ella despachar a todos. Después como a las diez, diez y media, era ya el desayuno, un huevito, que su arrocito, su recalentao, todo elegante. El almuerzo si ya era sopa, ¿si me entiende? Porque en el país de uno se toma mucha sopa, mucha verdura, eso era lo único que me enojaba, que ella a veces me forzaba a comer verduras. La comida era lo mismo, que sus espaguetis, todo lo mismo. Pues ya mi mamá estaba aquí y ella mandaba, ella siempre, siempre.

Como le digo, la abuela siempre estuvo con

nosotros. Ella todo estaba pa nosotros, todo, todo. Eso sí, ella nos daba rejo, pues uno se lo tenía merecido, también uno no era un santo y entonces a mí me tocaba todos los días. No había un día que no me dieran, todos los días, no había ni un día que no me pegaran, no ve que yo era la oveja negra de la casa. A mí todos los días me tenían que dar. Era mi abuela, ¿si me entiende? Porque mi primo mayor, él sí nunca nos tocaba, nada más la abuela, si ella, porque no, que me toque otro, no, ahí si no aguanto. Mi mamá o mi abuela y mi papá, no mi papá tampoco, ya estoy muy grande.

Yo estudié en Cali, pero ya ni me acuerdo a que escuela iba, ¿a ver?... a la Escuela Blanca, creo que se llamaba así. Tenía amigos, normal, como cualquier muchacho. En esa época, todo bien, claro, todo bien. Éramos felices. Mis familiares, siempre yo estaba con ellos. En cambio aquí no. Aquí yo estaba sólo, no con los familiares que tenía allá. Fue bonito crecer allá, sus costumbres, que uno está allá bien, normal, quemando pólvora, con los amigos, está haciendo de todo, ¿si me entiende? En cambio aquí no, aquí es más calmado, no es lo mismo que estar con la gente de allá, que se reúne la familia para el año nuevo, que las tías traen su agua de ruda para uno bañarse y que todo salga bien en el año que viene, y sus deseos se cumplan y que tenga la buena suerte. No es lo mismo. Por ejemplo, para el año nuevo, se reunía la familia en la casa de mi abuela, y pues comían las uvas y todo, las doce uvas. De vez en cuando tenían lechona o si no pollo, lo que hubiera. Pues aquí, yo como tengo mi mundo, yo me voy con mis amigos, claro no dejo de llamar a mi mamá y desearle feliz año, pero yo me voy con mis amigos a celebrar el fin del año. Un año celebramos juntos, pero como te digo, no es lo mismo que allá que uno ya no está en la familia así muy pegado, uno empieza por los amigos, nos reunimos los amigos y celebramos nosotros.

El barrio en el que yo vivía en Cali es más o menos. Era un poco violento y era un poco calmado. Tampoco era una olla pero todo era sano. Me gustaba vivir en Cali, en el San Judas, pero también aquí, ya me acostumbré aquí y me gusta vivir aquí. Aunque hay que decir que allá también es elegante.

Tomar más alas
Mi infancia fue bien, bien, normal, sino que uno cuando llega la edad de juntarse con la gente y conoce más gente, pues uno se empieza a alocar. Eso me pasó cuando yo llegué acá. Pues mis papás me sacaron los papeles para venir a los Estados Unidos, así que con la visa ya yo me vine. Me trajeron como a los doce, llegué a Nueva York a donde mi mamá porque mis papás ya se habían separado y mi papá vivía en Chicago, claro que ellos tenían una relación de amigos muy buena. Entonces me quedé con ella dos semanas hasta que me mandaron a Chicago y llegué a donde mi papá y mi mamá se quedó con mi hermana la mayor. Todo bien, elegante. Allí en Chicago mi papá vivía con su mujer y unos hermanastros y mi hermano mayor. En Illinois yo me acuerdo que no molesté mucho porque también mi papá es mano dura, entonces no estuve así que jodiera mucho. Claro que todo me gustó. Estados Unidos y uno recién llegado, todo te parece, uhm, elegante, bien bonito, fabuloso.

El frío no me pegó tanto. Todo normal, teníamos una vida buena. Los fines de semana nos íbamos pal *mall* con mis hermanastros y la señora de mi papá, teníamos buena relación. Ella era colombiana también, buena gente. Con ella si pura comida de restaurantes. Recuerdo que cuando ella cocinaba todo era *super neat*, así como para las fiestas, para el día del pavo, cocinaban pavo y se reunían a comer en la casa, muchos amigos y bailaban y jodían, así, todo normal.

Me quedé a vivir con mi papá como un año hasta que lo arrestaron por drogas y me tocó que esperar que mi mamá me fuera a traer a Chicago y así fue como otra vez llegué a Nueva York. De ahí fue cuando empecé como alocarme mucho, como que empecé a no comportarme, a no hacer caso, como que comencé a tomar más alas y a pensar en lo mío. Ya me portaba mal en la escuela, ya me tenían que internar en hospitales. Supuestamente estaba un poco mal de la cabeza, tú entiendes, y así me hacían tomar pastas para que estuviera en control y listo. Entonces como que mi mamá se sentía mal y todo eso y decidió mandarme pa Colombia. Allá me fui otra vez para Cali, pa donde mi abuela.

En Cali estuve bien, todo normal. Claro que con los amigos con los que yo crecí, ya todos estaban en otra. Ellos estaban por otros lados y mi abuela ya no me dejaba juntarme con ellos porque, según ella, que ellos ya estaban dañados y supuestamente yo era el que estaba más sano, pero era mentira, yo era también un loco. Me juntaba con amigos de mi hermano, con gente mayor. Allá no estudié. Estuve sólo en la casa y jodiendo, tampoco trabajé. Yo vivía de mi mamá, ella mandaba porque yo estaba joven, tenía sólo quince

71

años. Ahora es que ya tengo edad pa trabajar y ya, ya toca, ya no hay más que hacer. Ya está vieja la mamá y no hay que darle más dolores de cabeza.

Allá después de como dos años, pues le llegó el tiempo a mi abuela y se murió y entonces mi mamá no encontró con quien dejarnos a mí y a mi hermana la menor, pues sólo mi tía Zoraida, sólo ella, nadie más me aguantaba. La casa de mi tía Zoraida quedaba en un barrio de un poblado y ahí comencé a fumar y hacer mis cositas, ya como nadie me decía algo y mi tía era una vacanería conmigo. Ese barrio era caliente, entonces creo que mi mamá se dio cuenta de cómo me estaba portando y entonces me volvió a traer a Nueva York y hasta ahora estoy aquí.

Algunas veces la recuerdo a mi abuela, pues que ella siempre estaba y nos cocinaba y todo. Ella siempre estaba pa nosotros, vivía pa nosotros, pero le llegó su tiempo y ya, se murió, la cogió un carro y la mató. Ahora quedamos nosotros así y me tuve que venir. Me vine tranquilo, ya no había otro *choice*, y tenía que venirme y quedarme acá.

Rostando Café

Regresé. No quería regresar pero me vine tranquilo, ¿qué iba a hacer allá en Colombia? No, pues tampoco, yo estaba ya aquí, ya comencé la escuela y cogí amigos, y ya así me olvidé de allá, me olvidé de Colombia y hasta ahora que me mandan, pues no hay nada que hacer.

Estudié hasta noveno, me falta terminar el *high school*. Yo estaba en el *high school* pero me salí y vea! Yo empecé a trabajar sí, empecé a trabajar en una compañía aquí en *Manhattan*, como *coffee roaster*, *rostando* café y me gustó y me quedé trabajando y me salí de estudiar. Trabajé tres años y medio. Me gustaba *rostar* el café que viene de otros países, y *rostarlo*, uhm, tostarlo en la máquina, y ya, no más. Me acuerdo del aroma que fue nuevo para mí sinceramente. Recuerdo que me hablaban mucho de que en Colombia el café, pero yo en Colombia no sabía nada de… en realidad vine a aprenderlo aquí.

De la fábrica me corrieron. Empecé a ser muy vago, a no cumplir lo que decían y entonces ellos se distanciaron, ya no quise volver hasta que me corrieron. O sea, no es que dejé de asistir sino que ya no quería que me dieran las mismas órdenes pues el jefe que yo tenía lo despidieron, entonces llegó otro jefe y yo ya no quise que él me diera órdenes. Y no, no me gustó el jefe, y entonces ya, yo comencé a portarme mal y ya, hasta que me corrieron.

Estuve tres años y medio. Empecé ganando siete cincuenta y cuando me corrieron estaba en once cincuenta. Trabajaba por hay unas cincuenta o cincuenta y ocho horas y lo malo es que no ahorré nada. Pues como andaba en joda, bebiendo, jodiendo. Todo pa mí. Claro que le ayudaba a mi mamá que pa la renta y todo eso le ayudaba, pero pal resto nada, yo estaba en otras cosas, yo estaba gastándomela en otras cosas. Nunca ahorré, nunca, nunca. Y si ahorraba, pues a la semana que venía pues me gastaba todo.

Y de noche, yo estaba trabajando de noche y entonces por la mañana también me iba para la escuela. Pero me iba era a molestar en la escuela, a joder con los muchachos, no como que iba a la meta de ir a estudiar. No, yo iba no más pa sentarme allá a molestar.

No todos los días son sábados

En la escuela yo era muy popular, tenía muchos amigos, todos me querían en la *Jamaica*, ya. Bueno, unos me querían como otros me odiaban también, no sé, así son las cosas, uno no es un billete de cien pa todo el mundo. Pero eso sí, las fiestas las hacíamos nosotros. Yo iba a sacar a los muchachos para que nos fuéramos a hacer *parties* a la casas de otros amigos y ahí beber, fumar y, la perdición completa. Asistía sólo el cuarto período donde tomaban la asistencia y después sí me iba con los demás muchachos. Nos salíamos para irnos pal *party*, ¿no te digo? No todos los días pero por ejemplo, un martes, un viernes, un día que había sólo medio día nos tirábamos para la casa de alguien, de un amigo a hacer *parties* con las muchachas. Por eso tenía mucha popularidad, por las *parties* y porque jodía mucho y molestaba mucho.

Esas *parties* me gustaban y bailábamos mucho. Claro, no como caleño, bailaba como de aquí. Aquí me gusta el merengue, bailo bachata, salsa le bailo muy poco, pero me encanta la salsa, me encanta bastante, pero me gusta bailar bachata. También bailo música en inglés, de todo yo le bailo aquí.

Estuve como unos cuatro meses estudiando y trabajando, pero pues ya estaba cansado. Pues no podía estar ahí todos los días parado, también uno se cansa. Entonces no, ya me quedaba durmiendo en la casa para en la noche volver a irme a trabajar. En realidad no me importó retirarme de la escuela porque los amigos siempre estaban ahí, los amigos del barrio.

Sí, ahora si me doy cuenta y me hace mucha falta la escuela. Hace falta sí porque ahora uno sí darse cuenta que es necesario, es necesario dizque estudiar.

Es bueno también molestar y vainas y que el *party*, pero no todos los días son sábados. Pero para mi lo eran, todos los días eran *parties* y borracho y *you know*.

Pues de esa época me quedó la prisión, estar aquí. Esto es lo único que me quedó. De lo bueno, pues que gocé y la pasé bien. Conocí bastante gente buena, y también bastante gente mala. Los amigos. No, amores no. Amigas no más, amigas, nada serio, nada serio.

Pa un vacilón

Claro que yo sí he tenido unas cuantas novias, pero cuando uno está aquí preso, uno no tiene novia, no tiene mujer, no tiene nada. Uno quiere una mujercita así no más, pa un vacilón, pero no así, nada serio. Además esta época ya no está de cosas serias, estamos en el … ¿en el? ¿El veintiuno es qué es? Sí, en el siglo veintiuno, ya nada serio. Esas muchachas están alborotadas y los muchachos pues peor, no hay nada serio en esta vida ya.

De pronto si familia pero con el tiempo. De pronto que de un 99.9%, la que falta, de pronto sea pa mi, la calmadita. Si me enamoro pues me la llevo, ¿qué más se puede hacer? Claro, me gustaría tener mi mujer y no muchos hijos, la parejita, pa no mantener mucho muchacho. Claro que ¿al hombrecito? Ahí Dios mío, no sé, no los tengo. Pues, la mujer no da mucho problema, pero el hombrecito sí, pues con él estaría, que él sepa cómo es la vida, que es lo que uno ha vivido y ha sufrido y todo. Yo hablaría pa que aprenda y esté situado de la cabeza y sepa que es lo que uno tiene que hacer para no llevar una vida con problemas y bueno, si comete un error, tiene que saber las consecuencias.

Una vuelta vainas

En esta época alborotada, yo vivía sólo en la *Jamaica*, mi hermano vivía como a dos bloques con su mujer y mi mamá con las muchachas. Allá ahora último yo vivía en una casa abandonada. Entonces ahí era donde yo estaba sólo, sólo, con gente que ahora no vive. Yo entré como pagando un cuarto. Después eso como que era una vuelta vainas que dejaron esa casa abandonada y el dueño se fue. Entonces ya la casa se comenzó a convertir en una casa de *crakeros*, borrachos y yo me quedé. Eso sí, pagaban la luz y todo eso, no tengo ni idea quién, pero siempre pagaban, yo no saqué ni un centavo para pagar la luz, nada. Yo tenía mi cuarto y ya era como el dueño de la casa completa, no había nadie que me dijera y todo el mundo comenzó a despacharse. Sólo la policía llegaba a desalojar pero ¿qué desalojar?, yo me quedaba ahí y ahí llegaban *crakeros*, borrachos, no pa vender sino que fuman ahí, de todo se ve, de todo veía pero nunca me metí yo que mi pepazo, no, nunca.

En esa casa se veía que cuanta pelea, sí. Era una casa de locos, una casa de locos. En las mañanas mi panita Matuton y yo convertíamos la casa en un club y *parties* todas las mañanas, mujeres y hombres de varios *high school*, todos borrachos, fumados, todo bien elegante hasta que calentamos la mansión–así le llamábamos–, y así dejamos de tirar *parties*. Un destrabe ahí completo. Tampoco era que llegara quien llegara, siempre había un control, los conocidos, no todo el mundo.

Un año y medio viví en esta casa. Yo comía en restaurante, mi mamá me daba. A veces yo también trabajaba mis cositas, ¿me entiende? Pues me iba a la construcción, a trabajar con la gente. Alguien que quería vender algo y yo se lo vendía, pum, pum, por la persona y entonces ahí me tiraban la liga y yo sobrevivía, yo estaba bien ahí. Sobrevivía con eso, todo bien, todo tranquilo.

Volver a hablar de lo mismo

Yo tengo mi panita Matuton. Está preso él también. Él está preso con el mismo caso mío, está acá, pero no en este mismo *building*, por eso no nos hemos visto, no nos hemos comunicado. Nada. Pero sí, lo considero mi panita, bastante, a él y a unos cuantos más.

Yo valoro la amistad, uf, es algo grande, grandísimo. Algo que uno ha compartido bastante con esa persona, momentos, cosas buenas y cosas malas. Me gustaría estar con mi amigo en diez años y ahora también. Dios mío Jesuscristo, claro que somos panas. Dios quiera que algún día nos volvamos a ver y que nos encontremos, porque hay que volver a hablar de lo mismo y de lo que hicimos y que no hicimos. Él también, así en la situación que está, en la situación que nos encontramos, a nadie nos gusta. Yo no creo que a él le guste. Yo lo conozco y no creo que a él le guste esta vida tampoco, ¡vea en lo que estamos!

No era tan terrible allá afuera, pero uno siempre que iba a la calle, uno siempre tenía que saber a qué estar atenido, ¿me entiende? Mi amigo, él si estaba en la pandilla, yo no, pero si a él le tiraban, yo tenía que tirar mano también. Yo no estaba en la pandilla, pero si a mi me tiraban, él tenía que tirar mano también y así fue lo que pasó y por eso estamos aquí, por andar peleando juntos.

Sigue en lo mismo

Tomaba, sí, bastante. Por eso estuve también en programas de alcohol. Estuve como unos cuatro meses, dos años atrás, el verano de dos años atrás. Uno dice que no, que va, uno deja de tomar pues por salir del problema con la Corte, pero ya después con el tiempo, no, uno después de que deja el programa, sigue en lo mismo, bebiendo. No así tanto porque ya uno se da cuenta que mucho trago hace daño pero si unos cuantos, sigo tomando y tranquilo, todo es de saberlo controlar también. Uno de muchacho, uno toma y no sabe qué es lo que hace, pero ahora ya, ahora que uno ya tiene edad, como que… no tanta edad, pero uno está ya un poco con la mente desarrollada lo suficiente para saber lo que hace.

Yo no estoy tan grande pero sí, ya tengo mucha experiencia. No me creo igual que los mismos muchachos, ¿si me entiende? También siempre me ha gustado estar con gente adulta, tomar con ellos, hablar con ellos; siempre los escucho y aprendo muchas cosas de ellos. ¿Los muchachos? No tengo tiempo para ellos. Los muchachos, pues lo único es que estar bailando, molestar, compartir cosas buenas, pero no es lo mismo que con los adultos que uno se sienta, uno toma con ellos, y ellos te transmiten cosas que ellos han pasado y que uno todavía no entiende, ¿tú entiendes?, que ellos han vivido y que de pronto a uno le pasan. Ellos le transmiten a uno cosas buenas y ahí es donde uno empieza a reflexionar; como ellos ya no mantienen así muchos problemas porque ellos ya han estado en cosas, ¿me entiende?

Nada, no hay quejas

Mi papá y mi mamá, todos bien. Yo soy la única oveja negra de la familia. Mi mamá ella siempre ha visto por nosotros, siempre. Sí, bueno, ella y mi papá también. Ese señor siempre ha sido así. Sinceramente, yo les agradezco todo, que estoy aquí en los Estados Unidos, lo que me han dado, lo que me han apoyado. Yo soy el que no supe aprovechar la oportunidad. Ahora que estoy aquí metido en este problema pues no, me doy cuenta y reflexiono que no, que no hice lo que tenía que hacer, lo que ellos querían que hiciera. Ellos querían que tuviera una profesión, que hubiera estudiado, que hubiera hecho algo por la vida, ¿me entiende?, algo productivo, pero no, me puse a hacer otras cosas que no debía y aquí estoy.

En realidad de mis papás nada, no hay quejas, todo, todo me gusta de ellos, no hay nada de que me pueda quejar. Nada para nada. En la distancia, ellos siempre estuvieron conectados conmigo, siempre. Incluso aquí en la cárcel mi mamá viene a visitarme, ella pues se preocupa mucho, que no quiere que tampoco me vaya, pero pues, lo que se hace hay que pagarlo. Y es verdad, lo que se hace hay que pagarlo.

De mis hermanos tampoco, todo bien, normal. Yo quiero bastante a mis hermanos. Todos, todos. Tenemos muy buena relación, siempre que una pelea así de hermanos pero todo normal, tranquilo. Mi hermano está aquí en Nueva York también, él trabaja en una mueblería, haciendo muebles. Mi hermana no trabaja, tiene su marido que no sé qué hace. Ellos viven aquí con sus dos niños. Una va a cumplir un año ahora y el otro tiene sus dos años. Por eso tampoco me quiero ir, por los niños. Se llaman Jonathan y Valery y son mi adoración. Jugaba mucho con ellos además ahora, desde que estoy en este problema, a ellos los veía bien seguido porque sabía que me estaban buscando. Yo los iba a visitar seguido porque sabía que nos iba a llegar este momento.

Mi otra hermana está con mi mamá. Yo me comunico con ella y la aconsejo bastante, que no me deje la escuela tampoco, pa que no vaya a caer en lo mismo. Ella va bien pues porque la estamos aconsejando bastante y creo que se está dando cuenta que no es lo mismo estar sin escuela. Ella tiene su novio, lo conozco y lo apruebo porque es muy serio. Yo lo conozco desde hace mucho tiempo y no creo que vaya a fallarme, *you know*. Él es un muchacho de diecisiete que trabaja y es muy serio en la compañía. Yo sé que no me va a defraudar, él sabe con quien se está metiendo.

Yo pienso mucho en los niños, mis sobrinos. Valery y Jonathan, no Dios mío, son niños, Dios me los cuide bastante. Esos muchachos, Dios mío, antes que estaba allá, yo jugaba con ellos, pues la niña como muy *baby*, ella no, pero el Jonathan ya estaba creciendo, ya sus dos añitos, ya él tiene como uso de razón un poco, *I don't know*, bueno, uno quiere los niños, ellos están muy pequeñitos y me preocupo por ellos. Pero ellos no están todavía pa aprender, no más pa cuidarlos y darles amor y cariño, eso es lo único. Si yo pudiera les diría que se porten bien y que no le den dolor de cabeza a la mamá como lo hice yo, es lo único, pero todo es etapas. Niño por niño, eso si es molestón y eso si es normal, son juegos de niños. Cuando estén creciendo y ya tengan la edad pa entender, yo no sé, pues como ésa es la edad donde ellos ya están aprendiendo.

80

Mejor dicho, con mi familia yo me llevo bien con todos. No puedo decir quien me quiere más, pero todos me quieren, todos. Ahora que estoy aquí me demuestran más que me quieren, que me quieren más, y siento que antes, como estaba así que despejado de todos, ahora que estoy aquí *lockiado*, siento que me he acercado más a todos. Me quieren y yo los quiero también a ellos si no que a mí no me sale decirles a ellos cosas así. Y bueno, ahora que queda aquí escrito, pues no, ya no importa. Ya lo dicho, dicho está.

Muy jodida la cosa

Aquí estoy que no me quiero ir porque allá en Colombia está muy jodida la cosa, pero si me toca, me toca. ¿Qué más voy a hacer? Y si me quedo, pues me quedo y tratar de cambiar y mejorar mi vida porque no puedo estar en esta situación dos veces. Si me quedo pues no estar en lo mismo que estaba antes, ¿tú entiendes? Porque en lo que estaba antes me trajo problemas y aquí estoy. Estaba en muchas peleas, malas amistades, drogas. Yo no estaba en ninguna pandilla pero tenía amigos pandilleros y corría con ellos pero nunca me metí, nunca me gustó.

Igual en Colombia, pues supuestamente mi papá me está esperando. Ya hace como tres o cuatro años que no lo veo. No sé, se separó de mi mamá, se fue y allí tuvo otro hijo. Pero yo tengo buena comunicación con mi papá, sí, yo lo llamo, nos hablamos todo bien, elegante y todo, pero no sé, no. Yo lo llamo cuando puedo, cuando quiero hablar con él. Me da ilusión verlo y vaina sí, pero igual yo no me quiero ir pa'llá.

Colombia es un país duro. Que si uno está acá hay que aprovechar porque sí, ahora que ya me voy pa allá, yo ya me di cuenta que va a ser dura la vaina pa cuando esté allá, que voy a llegar y no voy a tener yo nada, o sea, voy a tener pero eso es de mi mamá. No es nada como que yo vine e hice esto y yo mandé pa esto, nada como eso. Mi mamá tiene su casa, estamos bien, o sea, yo voy a estar bien allá, tú entiendes, sino que no, no va a ser lo mismo que decir yo pagué por esto, yo mandé pa esto.

Mejor dicho, me gusta estar aquí y me gusta y me gusta. Me gusta Estados Unidos. Me gusta aquí porque aquí yo tengo más posibilidades, lo que yo quiero, ¿si entiendes? Y allá me va a tocar más vainas, más procesos. En cambio yo aquí hago lo que quiero y lo que me gusta. Tomo las decisiones que quiera. Allá no.

Mi vida en diez años
Para dentro de diez años, pues a mejorar mi vida, buscar una buena opción para mi vida. Quiero hacer algo productivo. De pronto tener una familia pero primero quiero acomodarme yo mismo, si es posible a través del estudio, o trabajar, buscar una mejor vida pa mí. Ya no estar en lo mismo que estaba antes.

Siempre es que se sufre. Siempre llegan sus tiempos, sus épocas, sus cositas que uno más o menos. Esto aquí es sufrir, esto aquí no es nada, nada *sweet*, esto aquí no es un cinco estrellas *hotel*. Esto aquí, que el tipo que huele feo, uno tiene que estar al lado del tipo. Si uno le dice que se bañe, el tipo problema, entonces uno tiene que agarrar. Esto aquí es así.

Saberla vivir

Por eso yo le diría a los muchachos que se quieren venir para los Estados Unidos, ah, que si vienen, que vengan con la mente correcta y no se metan en cosas que no tienen sentido, tú me entiendes. Pues que vengan, esto aquí es un palacio, esto aquí es bueno pero pal que la sabe disfrutar. Hay que saberla vivir, no ponerse con loqueras porque vea. Saberla vivir es trabajar. Trabajar y trabajar y trabajar y trabajar, eso es saberla vivir. Trabajar para tener allá en Colombia, pa cuando el día lo manden a uno o se tenga que ir, allá la viva bien. Uno puede ahorrar con el tiempo pero uno no puede dejar sus raíces. Que uno trabaja y allá también la puede pasar bien, pues si está bien, tu entiendes, *that's it*.

ID"PA"
Know how to live it

I'm ID"PA", I'm from Cali and I'm 19. My dad's name is José and my mom's name is Marleny. There are four of us. One boy, the oldest, two girls, one who's 22 and the other who's 14. The oldest is 24. I'm the third. My dad's in Colombia, he was here in the United States for a long time but now he's in Colombia, and he's a taxi driver. My mom's over here, she works for the MTA and she lives with all my brother and sisters. The only one over there is my dad.

In San Judas

My childhood was half here in the United States and half in Colombia. I lived in Colombia until I was 12. I lived in Cali, in the barrio San Judas. My dad was already over here, he came to look for opportunities for my mother and us, the kids. My dad came over first through the border because things were really bad over there. My mom stayed with us until they gave her a visa. That's how my mom got to come over here on an airplane with a tourist visa and she stayed, even though they didn't get her papers together. They left us with my grandmother while they were organizing the papers so that we could come with tourist visas, too. My mom came and was with my dad. That's how it was while we were long-distance we had to communicate over the phone.

My whole life with my grandmother, my whole life, well, up to 11 or 12 when I came to New York with my mom. I mean, my mom was coming and going, always coming and going. But we always stayed with my grandmother, of course, before my mother came I think there was a disagreement with my grandmother and that's why at the beginning she left us with a friend of the family, practically family to us.

After that, it was my grandmother's job, taking care of the house, taking care of us and some cousins. That's it. In reality, she worried about us. My grandmother worked hard in the home, she gave us delicious coffee, *pueblo*-style, with some bread that she made herself, well that came first, at six in the morning, to get us going. Later, around 10, 10:30, we had breakfast, an egg and some rice and *recalentao*, everything done up nice. For lunch it was soup, you know? Because in Colombia they eat a lot of soup, a lot of vegetables, it was the only thing that annoyed me, sometimes she made me eat vegetables. Dinner was the same, maybe spaghetti, always the same. My mom was over here and she always sent us money, always.

Like I was saying, my grandmother was always

with us. She was everything to us, everything. If she beat you, you deserved it, but nobody's a saint, and I got it every day. There wasn't a single day I didn't get beat, every day, there wasn't even one day they didn't hit me, you can see, I'm the black sheep of the family. They had to hit me every day. It was my grandmother, you understand, right? Because my oldest cousin, he never hit us, just my grandmother, yeah, she's the only one that could lay a hand on me, I wouldn't put up with it from anyone else. My mom or my grandmother and my dad, no not even my dad, I'm grown now.

I went to school in Cali, but I don't remember what school it was, let's see…*Escuela Blanca*, I think that's what it was called. I had friends, the usual, like any other kid. During that time, everything was fine, of course, everything was fine. We were happy. I was always with my family. Not like here. Here I was alone, not with the family that I had there. It was nice to grow up there, their customs, you live good over there, normal, setting off fireworks with your friends, doing whatever, you know? Here it's not like that, it's calmer, it's not the same as being with the people over there, getting the family together for New Year's, the aunts bringing over rue water to bathe in for a good new year, and for their wishes to come true and for good luck. It's not the same. For example, for the New Year, the whole family would get together at my grandmother's house and eat grapes, the 12 grapes. Every once in a while they'd have suckling pig or if not, then chicken, whatever there was. But here, I've got my own world, I go with my friends, I mean, I still call my mom to wish her a happy new year but I go with my friends to celebrate. One year we celebrated together, but like I'm saying, it's not the same as over there when the family's not so tight-knit, you're drawn more to your friends, we celebrate with our friends.

The *barrio* where I lived in Cali is not so hot. It was a little violent and also kind of chill. The neighborhood was kind of ghetto, but it wasn't that bad. I liked living in Cali, in San Judas, but here too, I got used to it here and I like living here. Even though I have to say that it's fantastic over there.

Take up wings

My childhood was fine, normal, but you get to the age where you hang out with people and get to know more people, you start to get a little crazy. That's what happened to me when I got here. My parents got the papers together for me to come to the United States, so I got here with a visa. I got here around 12, I got to New York where my mom was at because my parents had separated by then, and my dad was living in Chicago, but, they still had a nice friendship. So I stayed with her for two weeks until they sent me to Chicago and I got to my dad's and my mom kept my sister. Every was fine, fantastic. Out in Chicago, my dad lived with his wife and some of my step-brothers and my older brother. In Illinois I remember that I didn't get into a lot of trouble because my dad has a hard hand, so I didn't screw around much. I liked everything. When you just get here the United States seem, um... elegant, amazing, fabulous.

The cold I didn't like so much. Everything was normal, we had a good life. On the weekends, we'd go to the mall with my step-brothers and my father's wife, we had a nice relationship. She was Colombian too, good people. With her it was straight-up restaurant food. I remember when she'd cook for us everything was mad good, like party food, Thanksgiving food, she cooked turkey and everyone would gather around the house to eat, lots of friends dancing and screwing around, normal.

I stayed with my dad for a year until they arrested him for drugs and I had to wait for my mom to bring me back from Chicago and that's how I arrived once again in New York. From then on, I started to go really crazy, I started acting up, I didn't listen to anyone, I started to take up wings and do my own thing. I acted up in school, and they had to admit me into a few hospitals. Supposedly, I was wrong in the head, you know, and they made me take pills until I was back in control and right again. And so, because my mom felt bad about all that, she decided to send me back to Colombia. That's where I went again, to my grandmother's. In Cali, I was fine, everything was normal. I mean, naturally, the friends I grew up with were into other things. They were somewhere else and my grandmother didn't let me hang out with them because, according to her, they were damaged and I was the one that was healthier, but that's not true, because I was crazy, too. I hung out with my brother's friends, older folks. I didn't go to school over there. I was alone in the house, screwing around, I didn't work, either. I lived off my mom, she sent money because I was young, I was only 15. Now I'm old enough to work and, it's about time, there's nothing else to do. My mom's getting old and there's no reason to give her any more headaches.

After about two years over there, it was my

grandmother's time, and she passed away and so my mother couldn't find anyone to leave me and my little sister with, only my aunt Zoraida, only her, nobody else would put up with me. My aunt Zoraida's house was in a really seedy area and that's where I started smoking and doing my own thing and nobody said anything about it, my aunt was really nice to me. That neighborhood was dangerous, so I think my mom realized how I was acting and she sent for me to come back to New York and I'm still here.

Sometimes I think about my grandmother, I mean, she was always around and cooking for us and everything. She was always there for us, she lived for us, but her time came and that was it, she died, she got hit by a car and it killed her. Now it's just us and I had to come here. I came calm, there wasn't any other choice, I had to come and stay here.

Roasting Coffee

I came back. I didn't want to come back, but I did it and I was calm about it. What was I going to do in Colombia? That wouldn't be good, and I was already here, I started school and made friends and I forgot about life over there, I forgot about Colombia and now they're sending me back and there's nothing I can do about it.

I stayed in school until 9th grade, I still haven't finished high school. I was in high school but I quit and, there you go. I started working, I started working in a company here in Manhattan working as a coffee roaster, roasting coffee and I liked it and I stayed on and quit school. I work for three and a half years. I liked to roast coffee from other countries, and roasting it, *tostarlo* like we say, in the machine, and that's all you had to do. I remember the smell was really truly new to me. I remember that they used to talk to me about the coffee in Colombia but in Colombia I didn't know anything about this. Really, I had to come here to learn about it.

They ran me out of the factory. I started getting lazy, not doing what they said and so they distanced themselves and I didn't want to come back until they fired me. I mean, it's not like I stopped going or anything, but I didn't want them to give me the same orders because they fired my boss and there was a new boss and I didn't want him to tell me what to do. I didn't like the new boss and so, I started acting up and they fired me.

I was there for three and a half years. I started out earning 7.50 and when they fired me I was getting 11.50. I'd work 50, 58 hours and the bad thing is that I didn't save any of it. I was all about the party, drinking, screwing around. Everything for me. I mean, of course I helped out my mom with the rent or whatever, but not with anything else, I was into other things, I was spending it on other things. I never saved, never ever. And if I did, I'd spend it all the next week anyway.

At night, I was working at night, and so I'd go to school in the morning. But I only went to school to screw around and have fun with my boys, it's not like I went with the goal in mind of studying. No, I went to go sit in a chair and screw around.

Not every day is Saturday
At school I was real popular, I had a lot of friends, everyone loved me at *Jamaica*. I mean, some loved me

and some hated me too, I don't know, that's how it is, you can't be a hundred dollar bill for everyone. But we had the parties. I'd go get the boys to come out and throw parties at the houses of our other friends and drink there, smoke, up to our eyeballs. I only went to fourth period where they took attendance and then I'd leave with the other boys. We went to go party, right? Not every day, but for example, a Tuesday, a Friday, a half-day we'd go hang out at someone's house, a friend's house to throw a party with the girls. That's why I was so popular, because of the parties and because I screwed around at school.

I liked the parties, we'd dance a lot. Not like you do in Cali, we danced like you do here. Here I like merengue, I dance to bachata, I don't really dance salsa, but I love it, and I like to dance bachata. I also dance to a lot of music in English, I dance to everything here.

I spent about four months working and going to school, but by then I was tired. I couldn't be stuck there every day, you get tired of that too. So, no, I just stayed in bed at home and at night I went back to work. In reality, I didn't mind dropping out because I still had my friends, my friends from the neighborhood.

Yeah, now I realize that I really need school. You need it, yeah. Yeah, because you realize that it's necessary, apparently, to study. It's good to screw around too, and party and all that, but not every day is Saturday. But for me they were, every day was parties and getting drunk and you know.

That's when I got sent to prison, sent here. It was the last thing left. On the good side, I enjoyed it, I had a good time. I met a lot of good people and a lot of bad people. Friends. No, not love, friends, that's all, nothing serious.

For a good time
Of course, I had a few girlfriends, but when you're locked up you don't have a girlfriend, you don't have a wife, you don't have anything. You want a lady for a good time but that's all, nothing serious. I mean, right now it's not about serious things, we're in the 21st, isn't it? Yeah, the 21st century, nothing serious anymore. These girls are crazy and the boys are worse, there's nothing serious in life anymore.

Right now, sure family, but give it time. Maybe beyond the 99.9% of problem girls, maybe the one left could be for me, a chill girl. If I fall in love, well, I'll have it, what else can you do? Naturally, I'd like to have my wife and not a lot of kids, the couple, not to have to support too many kids. Of course, a son? Oh God, I don't know, I don't have any. Girls aren't a lot of trouble, but boys. Yeah, I'd be there for him, so he'd know how life is, what you live through and suffer and everything. I'd talk to him so he'd understand and be right in the head and know what you have to do to live a life without trouble, and, if he makes a mistake, he has to know the consequences.

Same old thing
During my reckless era, I was living alone on Jamaica Ave., my brother lived about two blocks away with his wife and my mom with the girls. The last place I was living was an abandoned house. I was alone there with people who aren't living there anymore. I got in paying for a room. After that, it was like the same old

thing, they left the house abandoned, the owner left. Then the house became a crackhouse, drunks and I stayed on. They paid for electricity and everything, I don't know who, but they always paid, I didn't shell out a penny to pay for electricity or anything. I had my room and I was like the owner of the entire house, nobody could tell me anything and everyone started to leave. The cops came to evict us, but how were you going to evict me? I stayed there and the crackheads and the drunks came, not to sell, but to use there. You could see people doing everything but I never shot up, never.

I saw a lot of fights in that house. It was a madhouse, a madhouse. In the morning my boy Matuton and I would turn the house into a club and party all my morning, women and men from a different high schools, drunk, high, everything was elegant, until we screwed up the mansion–that's what we called it–, and that's why we stopped throwing parties. The whole thing fell apart. I mean, it wasn't like just anyone could come, there was always control, only people we knew, not everyone.

I lived in that house for a year and a half. I ate in a restaurant, my mom gave me money. Sometimes I'd work on my own thing, you know? I went to construction jobs, to work with the people there. If someone wanted to sell something, I sold it for them, just like that they'd give me a cut, I was doing well there. I lived off that, all good, chill.

Get back to talking about the same stuff

I've got my boy Matuton. He's locked up, too. He caught the same case as I did, he's here but not in the same building, that's why we haven't seen each other, we haven't talked to each other. Nothing. But yeah, I still consider him my boy, him and a few others.

I value friendship, I mean, it's a big deal, huge. Something that you've shared with that person, moments, good things and bad things. I would like to be with my friend ten years from now and today, too. Jesus Christ, of course we're friends. God willing, we'll see each other again, and we'll find each other, because we've go to get back to talking about the same stuff, what we did and what we didn't do. He's, in the situation that he's in, in the situation in which we find ourselves, nobody likes it. I don't think he likes it. I know him and I don't think that he likes this life either, look at what we're caught up in!

It wasn't that bad on the outside, but whenever you went to the street, you had to know how to be on guard, you know? My friend, he was in a gang, I wasn't, but if they fought him, I had to fight, too. I wasn't in a gang, but if they fought me, he had to fight too, and that's what happened and that's why we're here, for going around fighting together.

Keep doing the same thing

I drank, yeah, a lot. That's why I was in alcohol programs, too. I was in for like four months, two years ago, summer two years ago. You say no, no way, and you stop drinking to get out of trouble in with the court, but then after a while, no, you leave the program, you keep doing the same thing, drinking. Not the same way because now you know that drinking too much is bad for you, but yeah, drinking enough, I keep drinking and it's chill. You just have to know how to control it. When you're a kid, you drink and you don't know what you're doing, but now that you're old enough, well, not that old, but still your mind's developed enough to know what you're doing.

I'm not all that grown but I've got a lot of experience. I don't think I'm like the other boys, you know? I've always liked to be with adults, drink with them, talk to them; I always listen to them and I learn a lot from them. The kids? I don't have time for them. The kids, well, all they care about is dancing, screwing around, sharing good stuff, but it's not the same as with adults where you sit down, you drink with them, and they tell you the things they've been through and you don't understand yet, you know, they've lived a lot and pass it along to you. They transmit some good things to you and that's where you start to think; they don't have a lot of problems now because they've already been through stuff, you know?

Nothing, no complaints

My mom and dad, they're good. I'm the only black sheep of the family. My mom has always looked out for us. Yeah, well, her and my dad, too. That man has always been like that. Sincerely, I am grateful to both of them for everything, that I'm here in the United States, what they've given me, how they've supported me. I'm the one who didn't know how to take advantage of the opportunity. Now that I'm here caught up in this problem, I reflect and realize that no, I didn't do what I had to do, what they wanted me to do. They wanted me to have a profession, to go to school, to have done something with my life, you know? Something productive, but no, I set myself on doing other things that I shouldn't have and here I am.

In reality, I've got nothing against my parents, no complaints, I like everything about them, there's nothing for me to complain about. Nothing at all. Even from a distance, they were always connected to me. My mom still comes to visit me here in jail, she worries a lot, she doesn't want me to go, but you have to pay the price for what you do. And it's true, you have to pay the price for what you do.

Nothing about my brothers either, everything's good, normal. I love them a lot. All of them. We have a really good relationship, sometimes we fought like brothers do, but it's normal, chill. My brother is here in New York, too, he works in a furniture workshop, making furniture. My sister doesn't work, she's got her husband and I don't know what he does. They live here with their two kids. One's going to turn one soon and the other is two years old. That's why I don't want to get deported now, since I started to get caught up in this, I went to see them a lot because I knew they were looking for me. I went to visit them because I knew that this moment would come.

My other sister is with my mom. I talk to her, and I give her advice, not to drop out of school, not to end up like me. She's doing well because we're giving her a lot of advice and I think that she's realizing that it's not the same without an education. She has a boyfriend, I know him and I approve of him because he's serious. I've known him for a long time and I don't think he's going to let me down, you know. He's a 17 year-old kid who works and takes it seriously. I know he won't disappoint me, he knows who he's messing with.

I think a lot about the kids, my niece and nephew. Valery and Jonathan, no, my God, they're kids, God take good care of them for me. Those kids, my God, before I was in here, I'd play with them, the girl's still a baby, so not with her, but Jonathan was growing up, two years already, he already knows how to think a little, I don't know, I mean, you love kids, they're really small and I worry about them. But they're not ready to learn yet, you can't do anything but take care of them and give them love and affection, that's the only thing you can do. If I could, I'd tell them to behave themselves and don't give their mom a headache like I did, that's the only thing, but everything comes in stages. Kids are kids, and they're troublemakers, but that's normal, that's just part of being a kid, it's a game. When they're growing up and they're old enough to understand, I don't know, this is the age where they're learning.

I mean, I get along with my whole family. I can't say who loves me more, but they all love me, all of them. Now that I'm here, they show me even more that love me, that they love me even more, and I didn't feel like this before, because I cut myself off from them, but now that I'm locked up in here, I feel like I've gotten closer to them. They love me and I love them too, it's just that I don't say stuff like that to them. Well, now that it's written down here, it doesn't matter anymore. I said it; it's said.

Everything's screwed up
Here I am, and I don't want to leave because everything's screwed up in Colombia, but if I have to, I have to. What else can I do? And if I get to stay, well,

I'll stay and try to change and improve my life because I can't be in this situation twice. If I get to stay, I won't get into the same thing as last time, you know? Because that just brought me trouble and here I am. I got into a lot of fights, bad friendships, drugs. I wasn't in any gangs, but I had friends who were gangbangers, and I ran with them but I was never in one, I never liked it.

My dad's supposed to be waiting for me in Colombia. I haven't seen him for three or four years. I don't know, he got separated from my mom, and he left and had another kid. But he and I talk to each other well, if I call him, we talk fine, elegant and everything, but I don't know, no. I call him when I can, when I want to talk to him. I'm excited to see him and stuff, but I don't want go over there.

Colombia is a hard place. If you're over here you better take advantage of it because now that I'm headed back over there, I realized that it's going to be hard when I'm there, I'm going to get there and I'm not going to have anything, I mean, I'll have stuff but it's my mom's. It's not like I came and did this thing and sent money back over there, nothing like that. My mom has her house, we're doing fine, I mean, I'm going to be fine there, you know, but now, it's not going to be the same as saying that I paid for this, I sent back money for this.

I mean, I like being here, I like it, I like it. I like the United States. I like it because I've got more possibilities here, what I want, you know? Over there it's going to be more problems, more of a process. Not like here, where I do what I want, what I like. I make the decisions I feel like. Not over there.

My life in ten years

Within 10 years, improve my life, find a good option for myself. I want to do something productive. Maybe I'll have a family but first I want to get comfortable myself, if it's possible through school, work or looking for a better life for me. Not being caught up in the same thing as before.

You always suffer. There are always those times, those moments, those things that aren't great. Being here it's suffering, it's not anything sweet, it's not a five-star hotel. This here, a dude smells bad, and you always have to be standing next to him. If you tell him to take a bath, the dude's trouble, you've got to fight. That's how it is here.

Know how to live it

That's why I'd tell those boys that want to come to the United States, um, if they come, that they come with the right mind-set and not to get caught up in nonsense, you know. Come, this is a palace, this here is good but only if you know how to enjoy it. You have to know how to live it, not get involved in craziness because, look, knowing how to live it is working. Working, working, working and working, that's knowing how to live it. Working so you'll have something in Colombia, so the day they send you, or if you have to go back, you'll live all right. You can save over time but you can't build roots. Work and you can do well over there, yeah, it's all right, you know. That's it.

Greñas

Para que se me Bajara la Cruda

Soy Greñas, nací el 26 de Julio de 1987, tengo diecinueve años. Vengo de Veracruz que es una ciudad mucho más chica que México. Allá solía vivir con mi mamá, mi papá y mi hermano en una casa pequeña. Allá también tengo tíos, primos, sobrinos y tengo mi abuelita. Ella está bien viejita ya. A lo mejor ya ni me espera, ¿Quién sabe?, depende de cuanto tiempo me estén dando aquí. Mi mamá trabajaba en México, yo no sabía en qué, pero siempre nos mandaba dinero. Yo allá trabajaba en albañilería, desde chavo, desde los ocho o nueve años empecé a trabajar en cualquier cosa que me daban. En la albañilería yo trabajaba más bien, no trabajaba en otra cosa.

Les voy a hablar un poco de lo que sé de mi papá pero, mira, no es bonito pero les voy a platicar. Bueno, empiezo por aquí. Mi mamá me dice muchas cosas de él pero unas cosas son verdades y otras no. A veces no la entiendo, es que no me explica muy bien todo lo que de veras es. Pero lo que yo veo es que los dos tuvieron la culpa. Mi papá por borracho y mamá por no ayudarle a que no tomara. Yo no vivo con él desde hace mucho tiempo, no sé cuánto tiempo. Pero mi mamá me dijo a donde era su pueblo. Entonces yo me puse a trabajar para pagar el pasaje. Fui a buscarlo y por fin lo encontré. Pero como yo no sabía encontrarlo, me perdí, yo y mi hermano porque iba con él. Nos dejaron en un lugar que nosotros no conocíamos, que sólo había como tres casas, nos dejaron porque no pudo seguir su microbus porque el río estaba crecido. Entonces, nos bajamos del carro y esperamos que dejara de llover y que bajara el río porque estaba muy crecido y no podíamos pasar. Pasaron como unas ocho horas hasta que un señor que iba en un caballo y nos ayudó a pasar. Mira, el chiste es que llegamos muy tarde a su casa de mi papá. Bueno, pero no era a dónde él en verdad, era a donde mis abuelitos, sus papás de mi papá.

Llegamos y nos saludaron pero bien chingón, nos preguntaron que de dónde veníamos y quiénes éramos. La sorpresa que se llevaron es que les dijimos que nosotros somos hijos de Pancho y que lo andábamos buscando. Entonces nos dicen, "pues aquí vive pero él no está; pero nosotros somos sus abuelitos." Entonces nos metieron para su casa, nos dieron de cenar y una cama. Y nos dicen, "descansen y mañana platicamos."

Y le dijimos, "está bien, ¿a dónde anda mi papá?"

y nos contestan, "él ya se volvió a casar pero sigue igual de borracho."

Le dijimos, "¿Y su esposa?",

"ah bueno, ella dice que ella no lo quiere dejar porque lo quiere mucho." Lo fuimos a buscar y lo encontramos en un parque bien borracho. Ni nos conocía porque se había olvidado que tenía hijos. Bueno, no es todo pero ya no quiero seguir contando porque es muy triste.

De la casa yo me salí como a los 15 años. Me salí de mi casa porque a mí me empezaban a maltratar más feo. Yo no me llevé bien con mi familia, bueno, con mi mamá. Hasta ahora, que ya nos llevamos, pero no me llevaba bien. Ahí me fui a vivir con mi abuelita. Ella, desde chiquitos, nos cuidaba a mí y a mi hermano. Y yo le dije, "Me voy contigo, me voy para tu casa porque me pega mi madre" y ella dice "Pues sí vente." Ya me mantenía ella o me iba a trabajar yo mismo.

Mi abuelita está viejita. Es buena, se porta bien con nosotros. Ahorita pregunta por mí, dice ¿qué está pasando? que ¿por qué estoy aquí? Como ella ya no escucha yo no puedo llamar, no puedo hablar con ella porque no escucha nada. Y le digo que no, que estoy bien, que no se preocupe, que algún día voy a salir de esto. Ella a nosotros nos cantaba alabanzas, La Guadalupana, rezaba con ella, yo me ponía con ella a rezar. Y lo pasaba bien con ella, más que con mi mamá porque allí me pegaban y todo.

Mi abuelita que ni siquiera sabía leer, no sabe escribir, no sabe nada. Ella me decía, "Mi hijo, tú tienes comida aquí, tú tienes todo aquí, ¿por qué tú andas en la calle tomando? No llegas a tales horas, yo te veo cuando llegas, llegas a las cinco de la mañana a tu cuarto." Y ya le digo, yo le digo es que me fui a un baile y ya, de esa me la perdonaba pero al otro día volvía a hacer lo mismo, siempre hacía lo mismo y ya digo que ella siempre me ayudaba, me llevaba incluso cuando estaba borracho, me llevaba las enchiladas y así, algo para que se me bajara la cruda.

Pero después me cambié de allí, me bajé para abajo y me cambié yo solito porque me pedían más dinero de lo que yo tenía que dar. Y yo me dije, "Me compro mi estufa y todo y mi cuarto aunque sea de madera" y ya, me fui sólo y después lo pasaba de borracho siempre. Yo no quería entender, ¿no sé qué me pasaba?, yo creo que fue por el odio que le tenía a mi mamá que se portaba mal con nosotros. Yo tomaba y tomaba y me llevaban a veces a la cárcel pero arreglaban el asunto o mi mamá, mi mamá me pegaba. Me pegaba y me pegaba y yo no le decía nada. Ella, o sea, ella siempre tenía la razón, según ella y ¿qué más? Y yo seguía tomando y seguía tomando hasta que me junté.

Y me mandó, ¡ya sabe a donde!

Cuando conocí a mi esposa, estaba tomado yo, y me mandó…. ¡ya sabe a donde! Y me dijo que me iba a acusar con su hermana o con su familia y que no la molestara, y yo le dije "No hay problema, no te voy a volver a molestar" y al otro día la volví a encontrar y pasó lo mismo. Yo estaba tomado y le volví a hablar, y le hablé y le hablé hasta que le dije, "Es que no me vas a hacer caso, entonces ya no te voy a molestar nunca" y esa vez ella me dice "No, es que no sé qué hacer." Es que no sabía cómo hacerle, tenía miedo también. Y yo le dije "Pues no, yo no te voy a volver a molestar, si hace mucho que te molesto y te molesto y no me haces caso" y, bueno, ya por fin me hizo caso. Pero tuve que pelear con su familia de ella porque era menor de edad y pensaban que yo la había violado.

Yo les dije que no, que no le he hecho nada sino que ella se quiso ir conmigo. Lloraban su papá y su mamá porque querían que se quedara con ellos. O sea, con ellos se tenía que quedar según ellos y me llevaban a mí y a ella a la Delegación para que me metieran en la cárcel por haberle hecho eso, según sus papás, pero por última vez ella dijo que no. Ella no quería que me llevaran a la cárcel porque ella me quería a mí. Y pues ya lo dejaron por un tiempo pero a los ocho días me volvieron a llamar a la Delegación y otra vez pasó lo mismo. Me la querían quitar, o sea, no querían que tuviera hijos, más bien ella porque todavía estaba muy chica e iba a la escuela y yo la saqué de la escuela. Y de todo, ella trabajaba e iba a la escuela y yo le dije, "Yo te voy a mantener, con lo poco que tenga yo pero te voy a mantener. Yo quiero que seas mi esposa porque yo te amo."

Entonces ahora es mi esposa y ahora está sola allí. Se llama Guadalupe. Tengo también un hijo, de un año. Cuando él nació yo estaba acá porque cuando yo me vine faltaban tres meses para que se aliviara mi esposa. Y me vine y ya, no lo conocí. Cuando salga yo, voy a ir a tratar de conocerlo yo. A él todavía no le pongo nombre, pues que yo le iba a poner Víctor Manuel, depende de cuanto tiempo me dan aquí.

Se siente raro
Un día una de mis tías me dijo "Ésta es tu oportunidad, te vas a ir para Nueva York."

Le digo "No, no creo porque ya estoy juntado"

y dice, "No, pero es para que le des una buena vida a tu esposa,"

y digo "Bueno, ¿qué le voy a hacer?" y ya, me vine

para acá.

Me vine en avión de México a Los Ángeles, de Los Ángeles me vine en tren hasta Tijuana sí, hasta Tijuana y de allí me vine en avión hasta acá.

Mi primer día me impresionó toda la ciudad porque bajando del avión se ve todo y todos los nervios porque nunca había viajado en avión y se siente raro, ves. La primera vez, no sentía nada, sentía nervios y todo pero llegué aquí y mi primo me fue a recoger al aeropuerto, no me encontraba y después yo lo conocí y le dije, "Tú a mí no me conoces pero te conozco yo a ti." Como tenía como seis años aquí en Nueva York no me conocía y me subí al taxi me llevaron para su casa.

Yo recuerdo que llegué con mi tío. Allí estaba mi cama y todo. Pero a los quince días ya me empezaban a cobrar el dinero, porque se lo debía y a mí me dijeron que a los tres meses les podía dar el dinero pero ya a los quince días me lo estaban cobrando, que ya les pagara yo, que ya les empezara a pagar porque estaba mandando dinero para el pueblo y no les pagaba. Y ya me estaban fastidiando y fastidiando y ya les pagué todo pero así, todo junto. Y preferí irme porque mi tío ya estaba…como que me quería golpear a mí, ves, y yo le dije, "Usted no me va a hacer nada porque no me voy a dejar y es mejor que me vaya yo de aquí." Y ya me salí, me vine a la casa donde estoy ahora en el último tiempo. Yo le dije a un amigo, "Oye, necesito una casa porque me dejaron en la calle." Y me dice, "Pues mi papá necesita a alguien." Yo me llevaba mis cosas y me fui y me dijo el señor, "Pues no, no necesitamos a nadie." Ya el chavo me ayuda y me dice, "Bueno, te voy a buscar otra casa" y entonces, "Dice que ya, su papá se convenció." Su papá dice "Si es un chavo bueno pues que se pase." Y ya me pasé y la casa estaba fea, ves, pero ya tenía donde quedarme. Pagaba un poco de renta, no bastante, pero como había problemas con el chavo de la familia, mejor me vine a quedar aquí.

Al llegar, tardé como tres días más o menos en encontrar trabajo. Primero trabajaba en un *carwash*. Después trabajaba yo en una panadería por unos seis meses más o menos. Por seis meses estuve trabajando, trabajaba de día para pagar la renta y mandarles el dinero. No me gustaba porque no estaba acostumbrado a hacer eso y estaba tratando de encontrar otro trabajo, un trabajo de albañilería. Y mi tío ya trabajaba de albañil y mi primo también y yo les dije que me hicieran el favor de que me cambiaran ese trabajo y me dijeron que no, es que no necesitan a nadie. Pero sí necesitaban a alguien y yo me dije "Bueno, me voy a trabajar en *carwash*." No me aceptaban en el *carwash*, no me aceptaban porque no tenía papeles y yo le digo, "No, pues, pero ¿dónde hay otro carwash?" y me dijeron, "Pues vete a tal lado." En esas llamé a un amigo que me llevaba al otro lado, así hasta que llegué a Manhattan y allí me encontré a un chavo que me conoció y le dije, "Oye, necesito que me hagas un favor. Llevo tres días buscando trabajo y no encuentro nada." Y dice, "No, pues, llegas al lugar indicado" me dice, "Aquí hay trabajo." Y ya trabajé en el tiempo de nieve, ya estaba empezando a caer la nieve y yo trabajaba de noche y de día porque estaba con la bici y todo.

Pero yo prefería la albañilería porque es algo pesado. Mucho más pesado que el de *carwash* porque lo de *carwash* no, no vale nada, no se siente nada, te aburres. Con el de *carwash* me aburre, pero con el trabajo de albañilería no me aburría, es bueno para nosotros, más bien porque es más dinero y pues te tratan mejor. En los *carwash* te tratan diferente que en los otros trabajos porque en el *carwash*, los morenos, si no lavas bien los carros, ya te jodiste, te regañan o hasta te pueden golpear. Y trataron conmigo, pero no me dejaba y me aburrí de eso.

Un día me encontré a un chavo y le dije, "Oye, necesito un trabajo de albañilería, ¿No sabes si hay alguien que necesite?" y me dice, "Sí, vete a tal lado y allí vas a encontrar." Llegué y le pregunté, "¿Aquí tú no tienes trabajo para mi?" y me dice, "Sí, pásate." Eran ya las doce cuando llegué allí porque estuve dando vueltas y no encontraba el lugar. Ya llegué allí y enseguida no más empecé a trabajar y me dijo, "Sí, pásate, son las doce, te voy a pagar día." Y ya allí empecé a trabajar y después llegó mi hermano.

Pero eso no es ser *ganga*

Mi hermano, que tiene 17 años, se vino sólo desde México. Yo supe que estaba en New Jersey y le dije a mi tío que fueran por él, que se venga a vivir conmigo, aquí necesitamos a otro y dice bueno y ya lo trajeron. Yo tuve que pagar lo que era de New Jersey hasta aquí que según ellos eran trescientos. Y pregunto, "¿Pero cómo si este lugar está cerca?". Me engañaron más bien, pero ya ahora yo les cobré, yo les dije, "¿Saben qué?, me van a regresar el dinero porque no era ésa la cantidad, porque yo puedo meter una demanda." Y ya, más o menos se la creyeron y me regresaron el dinero, todo porque son de mi familia. Yo les digo "No me quieran chantajear a mí. No me van a hacer eso." Ya a mi hermano le regresé el dinero porque él me lo había pagado a mí. Me dice, "Quédate con el dinero," y yo le digo no, yo se lo di y se quedó allí.

Con él empezamos con las drogas. Y bueno, y, según yo me había metido en su *ganga* pero nunca anduve peleando ni nada de eso, nada más que tomano o que nos acompañaban a una fiesta o algo. Y mi hermano no, él siempre quería ir a dondequiera. Él llegó y como al tercer día ya estaba tomando. Yo me iba a trabajar y lo dejaba en la casa porque no encontraba trabajo, tres días, cuatro días. Y le dije, "¿Sabes qué?, te voy a ayudar a pagar tu posada porque ya tardaste mucho." Ya iba como quince días descansando y le digo "Te voy a pagar tu posada porque no vas a poder." Dice, "Bueno, pero yo te lo voy a pagar."

Digo "Sí, me lo tienes que pagar porque te estoy ayudando."

Y dice "Bueno, si me quieres ayudar, si no, no."

Le digo "Si vas a estar en ese plan no te voy a ayudar en nada y es más, yo me voy a salir y tú te vas a quedar aquí sólo." Ya no me quería salir por él. Me fui otra vez a trabajar, me fui y regresé en la noche y él estaba allí, estaba como que pasando, no sé, ya se había drogado, metido de todo y le digo, "Oye, ¿qué te dieron?" Yo me puse muy mal y le dije "¿Qué te dieron aquí?". Le digo, que ¿porqué hacen con él así? Y él dice que es que ya se ha metido en la *ganga* y le digo, "Ni yo soy tu *ganga*, ahora para que ustedes vean que no soy de ninguna *ganga*, ustedes serán *gangas* y todo pero eso no es ser *ganga*." Le digo, "En la *ganga* se ayudan entre todos, no se meten drogas así por lo más, ni tú le vas a meter drogas a él." A él finalmente lo deportaron, ves. Lo deportaron y ahora está allá en México.

Con este hermano nos llevábamos más o menos cuando éramos niños, o sea, no muy bien. Teníamos problemas por las novias porque a veces yo se las quitaba o él me las quitaba y siempre peleábamos y cada vez que estaba borracho yo le iba a recoger y llevaba a mi casa. Una vez nos trataron de golpear porque nos fuimos en una camioneta nosotros con todos los amigos, y llegamos a un baile en un rancho y nos quisieron pegar a nosotros y salimos todos. O sea, a todos les digo, "Súbanse a la camioneta porque nos vamos" y nos veníamos, nos venían siguiendo varios, como unos quince o veinte y nosotros éramos como seis o siete personas. Pues nos subimos a la camioneta, nos jalamos y como el chavo ya estaba borracho, pues el que traía la camioneta, pues se acelera mucho y se le cae la flecha, ves, se le cayó la flecha de abajo y quedó o sea volteado y ya después la arreglamos, tardamos toda la noche en arreglar eso y como estábamos lejos de nuestra casa y empujamos la camioneta hasta la casa del chamaco.

Yo lo quiero más a mi hermano, o sea, él no sabe cuánto lo quiero yo porque es mi hermano A él yo siempre lo estaba ayudando, siempre en todo lo ayudaba yo aunque él no me ayudaba. Él a veces tenía dinero y a veces no y, o sea, le ayudaba, le daba los veinte o treinta pesos porque no ganaba yo mucho, o no tenía ropa y yo le prestaba, o luego yo no tenía zapatos él me prestaba. Así nos ayudábamos entre nosotros. Pero yo creo que me tiene odio porque yo también, pues porque yo no me dejaba de mi mamá y yo rezongaba y le digo, "¿Sabe qué?, usted me pega mucho y no me voy a dejar más". Yo creo que es por eso o no sé, ¿no sé por qué?

Familia a la distancia

Mi mamá ahora le está ayudando a mi esposa, pero no tanto. Y ella lo primero que dijo, "¿Sabes qué?, vamos a traerla para acá." Quisiera que me hubiera ayudado desde el principio. Hasta ahora me está ayudando un poco con mi esposa pues yo le dije que ella se fuera para la casa de mi mamá, y ya, se fue. Ahora ya le está ayudando con el dinero y con otras cosas, o sea, con lo que puede, con la ropa de mi hijo. Aunque en realidad mi mamá no me está ayudando muy bien porque dijo, "La llevó para allá porque es muy andariega" pero yo no le creo nada porque no es cierto, porque yo la conozco y a ella sí le gustaban los bailes pero nunca la han visto en un baile. Desde que yo llegué aquí siempre andaba con su mamá, a ella le gusta andar siempre con su mamá.

Mi papá, que no es mi papá, es como se dice, mi padrastro, también me está ayudando. Una vez me pegó a mí, él me dio un trancazo así en México pero ahora ya no. Ahora me está ayudando. Ahora está cambiando, no sé por qué.

No sé si me quieren ayudar en verdad o no, porque luego les pregunto unas cosas y me salen respondiendo con otras que no son. O sea, por muchas cosas es lo que no sé si me quieren. Yo les pregunto y a veces también les digo, "Oye, ¿de verdad cambiaron o todavía ustedes me están engañando?"

y dice, "No, el que no cambia eres tú porque estás en la cárcel."

"Yo no estoy porque yo quise," digo. "Oye si hubieras querido, a lo mejor hasta me hubieras querido muerto porque eso es lo que me iba a pasar si yo no me defendía."

Dicen, "No, bueno, entonces pórtate bien." Y se puso a llorar. Dice, "Ay, mijo yo que te dije que te portaras bien, que estuvieras bien allí, que no hicieras nada, que no anduvieras de borracho."

Y no le digo que aquí nunca me emborraché casi, que sí tomaba pero no como allá, porque allá me recogían de la calle, me recogían y me llevaban. Hasta eso que mi esposa no me dejó porque yo era un borracho, me recogía y me llevaba para mi casa. Hasta una vez incluso me pasé de copas y me aloqué y llamaron a mi tía, una de mis tías a donde me dejaron vivir con mi esposa, en una casa de material. Esa ves me dieron agua con sal hasta que ya me recuperé un poco.

Hace poco hablé con mi esposa y voy a estar contento pues por varias semanas porque me dijo, "No, o sea, tú no te preocupes que yo te voy a esperar siempre." Porque eso es lo que hicimos desde que yo me vine. Le dije, "Aunque te inventen y te digan, tú no le creas a nadie, si es que tú me quieres, nunca le creas a nadie y verás que siempre vamos a estar juntos." Dice "No, tú no te preocupes, yo me voy a separar de ti como a los cien años, cuando estemos ya bien viejitos para que no me hagas enojar y me vaya a morir antes, o sea, de los años, ves." Le digo "No, vas a ver que nunca me vas a dejar, ni yo tampoco te voy a dejar. Así es." Y a ver ahora, yo le digo, "Yo sé que tú no me estás haciendo infiel pero me lo inventan, porque yo llamo a la casa de mi mamá y me dice otras cosas, eso que vive con ella pero yo no lo creo." Y no, le digo, "No, eso no es cierto". Yo sé que voy a hacer cuando salga de aquí, yo me voy a fijar y voy a ver si ella me está engañando. Algún día lo voy a saber porque el chavo que ande con ella algún día se va a pasar y va a ir a verla. Pero ahorita le dije, "Oye, quiero que te portes bien, que no me vayas a ser infiel." Espero que no se vaya a pasar de la raya. Dice, "No" dice, "es más, ni salgo a ningún lado."

Ahorita va a empezar a trabajar. Va a trabajar en una caseta de teléfonos, ves. Y ya me va a dar los números de teléfono porque nosotros que llamamos no contestan, a veces no nos podemos comunicar y ya el martes de la semana que viene va a empezar a trabajar allí, pues.

A mi hijo
De lo que me siento orgulloso es del hecho de que ya me junté y que ya tengo un hijo, tengo a mi esposa y yo trabajaba para ella pero, usted sabe, ya no se puede porque estoy en la cárcel.

Yo quiero que mi hijo vaya a la escuela siempre, que nunca falte y que no quede así como yo, que ahorita, que ya no sé casi. Me están enseñando aquí en la escuela, o sea, que siempre se vaya a la escuela, que no salga de la escuela también porque está mal. Y pues que quiero lo mejor para él.

Pues, por ejemplo que tenga trabajo bueno, que si no sea maestro, pues que sea lo que Dios diga pero que sea algo, que no vaya a ser como yo que trabajo en construcción, en *carwash* o en cualquier otra cosa. Que sea bueno, que trabaje. Para que así no le traten como a mí, ves. Y yo le dije a mi esposa, le dije "¿Sabes qué?, a mi hijo no le pegues, solamente llámale la atención pero no le pegues porque a mí me trataron muy mal y si yo llego a saber que tú le llegas a poner la mano encima, pues tú te la vas a ver conmigo porque eso está mal." Le digo que yo sé que cuando yo llegue no va a tener diez años, va a tener unos tres o cuatro años por mucho y yo le voy a tratar de controlar. Pero no quiero que lo trate con golpes porque si es con golpes así sí se la van a ver conmigo. Y dice, "No, tú no te preocupes, yo nunca le voy a pegar." Hasta eso, que la mamá es tranquila y todo. Es lo que me ayuda. "Voy a llamarle la atención, decirle, oye, eso está mal." Le voy a leer un libro para que si quiera que no salga a la calle como yo salía. Yo recuerdo que a mí me leían un libro pero siempre que me leían un libro allí estaban los orejazos o cualquier cosa. Y si leía un libro yo, pues trataba de leerlo bien pero me equivocaba tantito ya me empezaban a jalar las orejas o sea cualquier cosa me hacían y pues no, no podía hacer nada, ves. Yo recién ahora veo que hay muchas cosas que aprender.

Pues yo lo voy a lograr
Ahora que estoy en la cárcel, aquí hacemos muchos trabajos. Ahora vamos a hacer un trabajo de una fiesta donde va toda la familia. Yo no tengo a nadie pero yo invité a mi papá, pero no sé si quiere verme, o si puede venir más bien, porque no tiene papeles. Y le digo, "Bueno, si puedes venir sí, y si no, no." Yo voy a ir de todos modos para la comida que van a traer, tamales y todo. A mí me gusta la carne de puerco con verduras y salsa verde y los tamales, las enchiladas, los frijoles, todo.

Desde aquí extraño todo, a mi familia, a mi esposa, a mi hijo que no lo conocí, lo más raro es que lo extraño. Pues ahorita me siento mal por mi hermano que está allá y que se que quiere venir pero le digo que no porque si le agarran, le pueden echar más años que a mí porque ya fue mi primera vez. "Ya te salvaste", le digo, "Tú ya estás afuera." El primer mes allí lo sacaron, le tenían el mismo precio que a mí, setenta y cinco mil. Todo tenía el mismo que yo, los mismos cargos.

Cuando yo salga, pues pienso ¿quién sabe? ir y decirles a todos, no a mi hijo, más bien a todos, a mi esposa, a mi madre, aunque no me trata bien, decirle, "¿Sabes qué? perdóname." O sea, le voy a dar la razón a ella. Le voy a decir "Tú ganaste, ahora me voy a portar bien, me voy a llevar bien con ustedes, con todos, hasta con mis suegros que disculpen lo que hice pero yo ya cambié ya." Yo sé que a soy diferente. Ya no voy a ser borracho, sí un poquito, pero no va ser igual. Ahora sé que soy diferente, yo voy a tratar. Bueno yo sé que sí, si lo voy a lograr. Porque ya, para eso me sirve estar aquí cuatro meses sin tomar y sí, pues yo lo voy a lograr.

Voy a tratar de darle todo a mi esposa porque ella me está ayudando, yo le voy a ayudar mucho más porque ella me está ayudando ahorita. Se lo voy a saber agradecer para que siempre estemos contentos. Sí, porque, o sea, siempre estamos contentos aunque estaba yo borracho allí, donde yo me quedaba con ella y llegaba yo borracho, le platicaba cosas, pero cosas más bonitas de cuando estaba yo en juicio. Siempre le hablaba bonito. Cuando estaba borracho le platicaba cosas más bonitas, le decía que la quería y todo. A ella más le gustaba porque ella me conoció así borracho y cuando yo le platicaba así borracho, ella sentía que estaba bien.

Yo pelié como una semana después de que me junté con mi esposa, pelié por otra de las que tenía yo. Chavas así, novias más bien. Pero esa novia fue y le dijo a mi esposa que yo era su novio de ella y yo le dije, "¿Sabes qué?, cree en mí, yo no la quiero a ella, yo estuve tres años con ella pero yo a la que quiero es a ti y nunca te voy a dejar." Y ya se arregló.

Ya estoy cambiando un poco porque ya sé que la cárcel no es nada, o sea, la cárcel es para los que les gusta estar aquí más bien. Y a mí no me gusta estar aquí, yo quiero estar libre, yo prefiero estar libre que estar aquí. En cambio en la cárcel hay los que no, hay los que gusta siempre estar aquí. Los morenos, ves, a ellos les gusta estar en la cárcel, pero a mí no, yo quiero salir. Y no sé, o sea, quiero estar más tiempo con mi esposa y yo no quiero perder más tiempo. Pero ¿quién sabe? ahorita está el juez, no me ha bajado nada, me tiene aquí cuatro meses y no me ha bajado nada de fianza ni nada.

Mi madre ha cambiado bastante y cuando la llamé se puso sentimental y lloró y me hizo llorar a mi y me dice "¿Por qué estás llorando, que ya no eres hombre?" y digo "no, que no me dejes sólo, es que me da sentimiento." Como ve, si alguien le pega a alguien en mi casa, no me gusta, no me gusta porque no me gusta ver a nadie triste, prefiero estar contento, que me hagan a mí, pero que no le hagan a nadie más. Me ayudan a veces y yo también les ayudo.

Nos la pasamos chingón

Aquí en la cárcel hice muchos amigos. Uno que le dicen Chuqui y otro que se llama Miguel. A veces se portan bien culeros, y hay otros días que se portan chido. Siempre andamos peleando pero siempre nos la pasamos chingón. Nos ayudamos unos a los otros. Yo me porto bien culero, les quito las cosas pero ellos me dicen que no sea así. Me dicen que cuando ellos salgan me van a dar su ayuda y su dirección y que cuando yo salga que los llame para invitarlos a mi pueblo. Ellos también van a buscarme para que yo vaya a su pueblo porque ellos son como unos hermanos, son mi familia porque si estoy triste ellos me dicen que vayamos a jugar, o vamos a hacer algo, y me quitan la tristeza. Son como mi familia, ellos son lo máximo que he tenido.

Me gusta mucho una canción, Los Caminos de la vida, porque así es mi vida, por eso la quiero compartir. Mi vida es así y así quiero cambiar, como la letra de esa canción.

> Canción: **Los caminos de la vida**
> Artista: **Vicentico**
> Álbum: **Los Rayos**
>
> Los caminos de la vida,
> no son los que yo esperaba,
> no son los que yo creía,
> no son los que imaginaba
>
> Los caminos de la vida,
> son muy difíciles de andarlos,
> difíciles de caminarlos,
> y no encuentro la salida.
>
> Yo pensaba que la vida era distinta
> cuando era chiquitito yo creía
> que las cosas eran fácil como ayer
> que mi madre preocupada se esmeraba

por darme todo lo que necesitaba
y me doy cuenta que tanto así no es

porque a mi madre la veo cansada
de trabajar por mi hermano y por mi
y ahora con ganas quisiera ayudarla
y por ella la peleo hasta el fin
por ella lucharé hasta que me muera
y por ella no me quiero morir
tampoco que se me muera mi vieja
pero yo sé que el destino es así

Greñas

So I could keep it down

I'm Greñas, I was born on July 26, 1987, I am 19 years old. I am from Veracruz, that's a much smaller city than Mexico City. I used to live there with my mom, my dad and my brother in a small house. Over there I have uncles, cousins, nieces and nephews and my grandma, too. She's pretty old now. She might not even be waiting for me anymore, who knows? It depends on how much time they give me. My mom used to work in Mexico City, I don't know doing what, but she always sent us money. I used to work as a bricklayer over there, since I was a kid, when I turned eight or nine I started working in whatever job I could get. I worked mostly as a bricklayer; I didn't really work in anything else.

I'm going to tell you the little I know about my father, but look, it's not pretty, but I'm going to tell you. Well, it starts like this. My mom tells me a lot of things about him but some of them are true and some aren't. Sometimes I don't understand her, she just doesn't explain everything all that well for what it really is. But from what I can tell, it was both their faults. My dad's for being a drunk, and my mom's for not helping him stop drinking. I haven't lived with him for a long time, I don't know how long. But my mom told me where his hometown was. So I started working so I could pay for the trip. I went to look for him and finally find him. But because I didn't know how to find him, I got lost, me and my brother because he came with me. They left us in some place we'd never been, there were only three houses—they left us there because the minivan couldn't keep going because the river was flooded. So we got out of the car and we waited for it to stop raining and for the river to go down since it was overflowing and we couldn't get across. Eight hours went by until a man on a horse came by and helped us across. So, the funny thing is that we got to my dad's house real late. Well, not his house, really, my grandparents' house, his parents' house.

We got there and they greeted us nice, asked us where we were from and who we were. The surprise they had coming was that we told them we were Pancho's sons, and we were looking for him. So they say, "Well, this is where he lives, but he's not here right now; but we're your grandparents." So they brought us inside, gave us dinner and a bed. And they told us, "Get some rest. We'll talk tomorrow."

We said, "Okay, where is our dad?"

They answered, "He's remarried, but he's still the same old drunk."

We said, "And his wife?"

"Ah, well, she says she doesn't want to leave him because she loves him very much."

We went to look for him and we found him really drunk in the park. He didn't even know who we were because he'd forgotten that he had kids. Well, that's not the whole story but I don't want to talk about it because it's really sad.

I left my house when I was about 15. I left because they started abusing me worse. I didn't get along with my family, well, with my mom. Until now, now we get along, but we didn't. I went to live with my grandma. Since we were little she's taken care of me and my brother. So I said to her, "I'm coming to live with you, I'm coming to you because my mom's hitting me." And she says, "No, yeah, come." Either she'd take care of me or I'd go to work myself.

My grandma's getting on. She's good people, she's good to us. These days, she's asking about me, saying, "What's going on?" Why am I here? She can't hear anymore, so I can't call her, I can't talk to her because she can't hear at all. And I tell her that no, I'm fine, not to worry, that I'll get out of this some day. She used to sing us songs of praise, *La Guadalupana*, I used to pray with her, I'd sit down and pray with her. And I had a good time with her, better than with my mom since there they'd be hitting me and everything. My grandma doesn't even know how to read, doesn't know how to write, doesn't know anything. She'd tell me, "Son, you have food here, you have everything here, why are you walking around drunk in the streets? You don't get home 'till late and I see you when you come, you come at five in the morning and go to your room." And I say, I'd say that I was going to a dance

121

and that was all, and she'd forgive me but the next day I do the same thing, I always did the same thing and like I said, she always helped me out, she even brought me, when I was drunk, she'd bring me enchiladas and stuff so that I could keep it down.

But after that I left, I came down and left all by myself because they were asking for more money than I needed to give them. And so I said to myself, "I'll buy a stove and everything and my room even though it's just made of wood," and that was it, I went on my own and after that I just got drunk all the time. I didn't want to understand, I don't know what was wrong with me. I think that I went out because of the hatred I felt for my mom, that she treated us so wrong. I drank and I drank and sometimes they took me to jail but my mom would take care of it, or my mom, she'd hit me. She hit me all the time and I didn't say anything. She, I mean, according to her, she was always right, what else? I kept on drinking and drinking until I got together with my wife.

And she told me to go to…you know where!

When I met my wife I was drunk and she told me to go to…you know where! And she told me that she'd report me to her sister or her family and not to bother her and I said, "No problem, I'll never bother you again," and the next day I saw her again and the same thing happened. I was drunk and I talk to her again, I was talking to her and then I finally said, "if you're just never going to listen to me, then I'm going to leave you alone." And this time she said, "No, it's just that I don't know what to do". She didn't know how to do it, she was scared, too. And so I said, "Look,

I'm going to leave you alone, I've been bothering you for a while now and you don't pay any attention." And so finally she paid some attention. But I had to fight with her family over her because she was a minor and they thought that I'd raped her. I told them no, that I hadn't done anything, but that she wanted to go with me. Her dad and mom cried because they wanted her to stay with them. I mean, she had to stay with them, they thought, but for the last time, she said no. She didn't want them to take me to jail because she loved me. And so they stopped for a while but eight days later the station called me up again and the same thing happened. They wanted to take her from me, they didn't want her to have kids, mostly because she was still really young and was going to school, and I took her out of school. And out of everything, she was working and going to school and I said, "I'm going to take care of you, I may not have much, but I'm going to take care of you. I want you to be my wife because I love you."

So now she's my wife and she's alone over there. Her name is Guadalupe. I also have a son, one year old. When he was born, I was here because when I came she till had three months to go. I came and that was that, I didn't get to meet him. When I get out of her, I'm going to go and try to be with him. I haven't named him yet, I was going to name him Victor Manuel. It depends on how much time they give me here.

You feel weird

One day one of my aunts said to me, "This is your opportunity, you're going to New York."

And I say, "No, I don't think so because I'm married."

And she says, "No, but this way you can give your wife a good life."

And I say, "Well, what can you do?" And I came here.

I took a plane from Mexico to Los Angeles, from Los Angeles I took a train to Tijuana, yeah, to Tijuana and from there I took a plane here.

My first day I got an impression of the entire city because when the plane's landing you can see everything and my nerves were going wild because I had never traveled by plane and you feel weird, you see. The first time, I didn't feel anything, I felt nervous and everything but I got here and my cousin came to pick me up at the airport, he couldn't find me but I recognized him and I said, "You don't know me but I know you." He'd been here for six years and he didn't recognize me and I took a cab and they took me to his house.

I remember that I got to my uncle's. There was my bed and everything. But two weeks later, they started charging me money, because I owed them it and they told me that they'd give me three month before I had to start to pay but two weeks later they were telling me to pay up, that I needed to start paying because I was sending money home and I wasn't paying them. Well, they kept bothering me and finally I just paid them the whole thing in one big chunk. I wanted to leave because my uncle was already like he wanted to hit me and I, you know, I said to him, "You're not going to do anything to me, sir, because I'm not going to let you and it's better for me to leave." And so I left,

I came to the house where I've been during these last months. I said to a friend, "Hey, I need a place to stay because they kicked me out." And he says, "Well, my dad's looking for someone." I got my things and went and the man told me, "Well, no, we're not looking for anyone." So the kid who'd helped me said, "Ok, I'm going to look for another place for you," and then he tells me that it's done, he convinced his father. He dad says, "No, I mean, if he's a good kid, tell him to come by." So I went by and the house was ugly, you know, but I had a place to stay. I paid a little bit of rent, not a lot, but because there were problems with the boy in the family, I came to stay here.

Once I got here, I took about three days more or less to find work. The first job I found was in a carwash. After that I worked in a bakery for about six months. For six months I was working, I was working during the day to pay my rent and send money home. I didn't like it because I wasn't used to doing it and I was trying to find another job, a brick-laying job. And my uncle was already working in construction and my cousin, too, and I told them to do me a favor and change jobs and they told me no, they weren't looking for anyone. But they were looking for someone and I said to myself, "Well, I'll keep working in the carwash." They didn't hire me in the carwash, they wouldn't hire me because I didn't have papers, and I said, "Fine, but where is there another carwash?" and they told me, "Go to this place." So I called a friend who took me to the other place, that's how I got to Manhattan and there I met up with a kid that I knew and I said, "Hey, I need you to do me a favor. I've been looking for work for three days and I can't find anything." And he says, "No, well, you've come to the right place," he says, "There's work here." And I worked in the snow, snow was already starting to fall, and I worked and at night and during the day because I had my bike and everything.

But I prefer being a brick–layer because it's hard work. It's much harder than at the carwash because the carwash, it's not worth anything, you don't feel anything, you get bored. I got bored at the carwash, but I never got bored being a brick–layer, it's good for us, mostly because it's more money and they treat you better. In the carwash they treat you different than in other jobs because in the carwash the black guys, if you don't wash the cars well, you're screwed, they yell at you or sometimes they can even hit you. They tried with me but I didn't let them and I got bored.

One day I ran into this kid and I said, "Hey, I need a brick-laying job, you don't happen to know someone who's looking..?" And he says, "Yeah, go to this place and you'll find work." I got there and I asked, "Don't you have any work for me?" And he says, "Yeah, come on in." It was 12:00 when I got there because I got lost looking for the place. I got there and right away I started working and he says, "Yeah, come on in, it's noon, I'll pay you for a day's work." And I started working, and then my brother got here.

But this is not being a gang
My brother, who's 17, he came alone from Mexico. I knew he was in New Jersey and I told my uncle to go get him, he can come live with me, we need one more over here and he said ok and brought him over. I had to pay what it was from New Jersey to here, which

according to them was 300. I asked, "But how if it's so near by?" They cheated me, is more like it, but I got my money back, I told them, "You know what? You're going to give me back my money because that wasn't the right amount and I can sue you". And that was it, they believed it, and they gave me back the money, all of it, because they're my family. I said, "You don't want to threaten me. You're not going to do that to me." And I gave the money to my brother because he'd given it to me. He says, "Keep the money," and I say, no, I gave it to him and he kept it.

Once he was here, we started taking drugs. And, I mean, apparently I'd gotten into his gang but I never went around fighting or any of that, nothing more than drinking or them coming to a party with us. And my brother no, he's always gone wherever he wanted. He came and around the third day he was already drinking. I'd go to work and leave him at home because he couldn't find a job, three days, four days. And I said to him, "You know what? I'm going to help you pay rent because you're taking a really long time." He rested for about two weeks and I said, "I'm going to pay your rent because you're not going to be able to." He says, "Ok, but I'm going to pay you back." I say, "yeah, you have to pay me back because I'm helping you." And he says, "Fine, if you want to help me, go ahead, if you don't, don't." And I say, "If you're going to be like that I'm not going to help you at all, and what's more, I'm going to leave and you're going to stay here alone." I didn't want to leave because of him. I went to work again and I came back at night and he was there, he was like out of it. I don't know, he'd taken some drugs, taken everything and I said,

"Hey, what did they give you?" I got really angry and I said, "What did they give you here?" I said, what are you doing with him like that? And he says, that he's in this gang and I tell him, "I'm not even in your gang, so now you all can see I'm not in anyone's gang, you might be gangbangers but this is not being a gang." I tell them, "Gangs help each other out, they don't go taking drugs just for whatever, you're not going to give him any more." He got deported, finally. He got deported and now he's over there in Mexico.

I didn't get along so well with that brother when we were kids, I mean, not so well. We had problems because of girlfriends because sometimes I'd take his girlfriends or he'd take mine and we'd always fight and whenever we got drunk I'd pick him up and take him to my house. Once, they tried to beat us up because we went in a truck with all our friends and we got to a dance at this ranch and they wanted to beat us up and we all left. I mean, I told all of them, "Get in the truck, we're leaving" and they came after us, 15 or 20 of them and there were six or seven of us. We got in the truck pulled out and because the kid was still drunk, the one who was driving, well he was going really fast and the truck turned over and we fixed it but it took us the whole night to fix it and we were far from home and we pushed the car to the boy's house.

I love my brother more, I mean, he doesn't know how much I love him because he is my brother. I've always helped him out, always helped him out with everything even though he didn't help me. Sometimes he had money and sometimes he didn't, and so I'd help him, I'd give him 20 or 30 pesos because I wasn't making a lot of money, or he didn't have clothes and

I'd lend him some, or then I wouldn't have shoes and he'd lend me some. So we'd help each other out. But I think that he hates me because I, because I didn't allow that stuff with my mom and bitched her out and I said, "You know what? You hit me a lot and I'm not going to let you any more". I think that's why, I don't know, I don't know why.

Long distance family
My mom is helping out my wife right now, but not too much. And the first thing she said was, "You know what? We're going to bring her here." I wish that she's helped me like that since the beginning. Right now she's helping me a little with my wife and I told her to go to my mom's house and she went. Now she's helping her with money and a few other things, I mean, with what she can, with clothes for my son. Even though in reality my mom isn't helping her that much because she said, "I brought her here because she's goes around too much by herself," but I don't believe her at all because it's not true, because I know her and I know that she likes to go to parties and stuff but they've never seen her at a party. Since I got here, she always goes around with her mom; she likes to be around her mom all the time.

My dad, who's not my dad, he's my what's it called, my stepfather, he's helping me too. He hit me once, a hard blow to my head over in Mexico, but not anymore. Now he's helping me, now he's changing, I don't know why.

I don't know if they want to help me for real or not, but then when I ask them stuff, they say things that aren't true. I mean, because of all this stuff I don't know if they love me. I ask them and sometimes I tell them, "Hey, did you change for real or are you just playing me?" and she says, "No, the one who hasn't changed is you because you're the one jail." "I'm not here because I want to be," I tell her, "Hey, maybe what you want is for me to be dead because that's what would have happened if I didn't defend myself." They say, "No, ok, fine, just be good," and she started to cry. She says, "Oh, son, I told you to be good, to be good over there, no to do anything wrong, not to go around drinking." And I say, "No," I say, "I hardly ever drank here," I mean, I drank but not like I did there because over there they had to pick me up from off the street and take me home. Once I even drank too much and got crazy and they called my aunt, one of my aunts who let me and my wife live in this shack of a house. She gave me some salt water until I got a little better.

I talked to my wife a little bit ago and I'm going to be happy for a couple of weeks because she said, "No, I mean, don't worry, I'll wait for you forever." Because that's what we've done since I came here. I said, "Even if they make up stuff and they tell you stuff, don't believe them anyone, if you love me, never believe them because we're always going to be together." She says "Don't you worry, I'm only going to leave you when we're like one hundred year sold, when we're all old and don't you get me mad and go and die first, from old age, you know." I say, "You'll see, you're never going to leave me, and I'm never going to leave you. That's how it is." And I just told her, "I know that you're not being unfaithful, but they tell me that when I call my mom's house," she tells me stuff, and she lives with her, but I don't believe her. I say, "No, that's not true." I know that when I get out of here, I'm going to check and see if she's cheating on me. One day I'll know because the boy who's going with her will come by and try and see her. But just now I told her, "Hey, I want you to be good, don't cheat on me." I hope that she doesn't cross the line. She says, "No," she says, "what's more, I'm not going anywhere."

She's going to start to work soon. She's going to work in a phone store. She's going to get phone numbers for us to call because sometimes they don't answer and we can't get in touch with anyone, Tuesday of next week she's going to start working there.

To my son

What I feel proud of is that I'm already in a relationship and I have a son, I have my wife, and I worked for her, but you know, you can't do that from jail.

I want my son to always go to school, not to ever skip, not to end up like me, I barely know anything. They're teaching me here in the school, I mean, I want him to always go to school, not to drop out because that's bad. I want the best for him.

And, for example, I want him to have a good job, if he's not a teacher, he should be whatever God wants him to be, but he should be something, not to be like me, working in construction or a carwash or in whatever else. To be good, to work. So they don't treat him like they treated me. And I told my wife, "You know what? Never hit my son, get his attention but don't hit him because they treated me really bad. And if I come to find out that you laid a hand on him, you're going to have to take it up with me because that's wrong." I told her that I know that when I get out he's not going to be like 10 or anything, he's going to be three or four at the most, and I'm going to try to control him. But I don't want her to hit him because if she tries to control him by hitting him she's going to have to deal with me. And she says, "Don't worry about it, I'm never going to hit him." His mom's all calm and everything. That's what helps me. I'm going to get his attention, tell him, hey that's bad. I'm going to read to him because I don't want him going out to the streets like I did. I remember that they would read to me but whenever they did they'd be pinching my ears or whatever. And if I read a book to myself, I'd try to read it right but I'd make little mistakes and they'd start pinching my ears or doing whatever else they'd do to me, I couldn't do anything right. I just realized I have a lot to learn.

I'm going to do it

Now that I'm in jail, here we have a lot of different jobs. We're going to have a party soon for all our families. I don't have anyone to come, but I invited my dad, but I don't know if he'll want to see me, or even if he can come, because he doesn't have papers. And I told him, "Well, if you can come great, and if you can't, fine." I'm going to go anyway because they're going to bring tamales and everything. I like pork with vegetables and *salsa verde* and tamales, enchiladas, beans, everything.

From here, I miss everything, my family, my wife, my son that I've never met, the weirdest thing is that I miss him. Right now I feel bad because my brother's there and he wants to come over here but I told him not to because if they catch him they can give him more years than they'll give me because it was my first time. "You got away," I tell him, "You're out." The first month they caught him, he had the same bail as me, 75,000. He had everything the same as me, the same charges.

When I get out, I think I'll, who knows? Go and tell everyone, not my son, but everyone else, my wife, my mother, even though she doesn't treat me right, tell her, "You know what? Forgive me." I mean, I'm going to tell her she was right. I'm going to tell her, "You won, now I'll be good, I'm going to get along with you, with everyone, even with my in–laws, I hope they forgive me because I've change. I'm different. I'm not going to be a drunk, I mean, ever once in a while, but it's not going to be the same." Now I know I'm different, I'm going to try, I know that I'll do it. I know I'm going to do it. Because I've already been here for four months without drinking, I know I can do it.

I'm going to try to give everything to my wife because she's helping me, I'm going to try to help her even more because she's helping me now. I'm going to make her know how grateful I am so that we'll be happy. Yeah, because, I mean, we're always happy even when I was drunk there, when I was with her, I'd show up drunk, I'd talk to her about things, tell her pretty things, nicer than when I was sober. I always talked pretty to her. When I was drunk I'd tell her nice things, that I loved her and everything. And she liked it because she met me when I was drunk and when I told her those things drunk she felt good.

I got in a fight about a week after I got with my

wife, I got in a fight over another girl I had. Girls, you know, girlfriends. But this girlfriend went and told my wife that I was her boyfriend and I told her, "You know what? Believe me, I don't love her, I was with her for three years but you're the one I love and I'm never going to leave you." And it got better.

I'm changing a little because I know that jail isn't worth it, I mean, jail is for people who want to be here. I don't like being here, I want to be free, I'd rather be free than being here. But there are people in jail who aren't like that, they like being here all the time. Black guys, you know, they like being in jail, but I don't, I want out. I don't know, I mean, I want to spend more time with my wife, I don't want to waste any more time. But, who knows? The judge hasn't told me how long yet, he's had me here for four months and I don't have bail set or anything.

My mother has changed a lot and when I called her she got all emotional and cried and she made me cry and she says, "Why are you crying, what you aren't a man anymore?" and I say, "No, don't hang up, it's just that I get emotional." You know, when someone beats someone up, I don't like that in my house, I don't like it because I don't like seeing anyone upset, I'd rather be happy, they should beat me up, not anybody else. I help them sometimes, and I help them too.

We have a mad great time

Look, here in jail I've made a lot of friends. One we call Chuqui and the other one named Miguel. Sometimes they act like jerks, other times they're mad cool. We always get in fights but we always have mad fun. We help each other out. I act like a jerk, I take their stuff and they tell me not to be like that. They tell me that when they get out they're going to help me and give me their addresses so that when I get out I can call them and invite them to visit me in my town. They are going to look for me, too, so that I can go to their towns because they're like my brothers, they're my family, because if I'm sad they say, let's go play something or let's go do something, they make me forget that I'm sad. They're like my family, they're the most I've ever had.

I like the song, "Los Caminos de la vida" a lot because that's how my life is, that's why I want to share it with you. My life is like this and that's why I want to change, like the lyrics say.

>
> Los Caminos de la vida
> Artist: **Vicentico**
> Album: **Los Rayos**
>
> The way through life
> Isn't what I was expecting
> It's not what I thought
> It's now what I imagined
>
> The way through life
> Is a hard to walk
> Hard to travel
> And I can't find a way out
>
> I thought life was different
> When I was little I thought
> That everything was easy like yesterday
> My mother worrying about me, taking pains

To give me everything I needed
I realize that not much is like that

Because I can tell my mother's tired
Of working for me and my brother
And now I want to help her
And I'll fight for her until the end
I'll fight for her until I die
And she's why I don't want to die
And don't want her to die either
But I know that destiny is like that.

Arturo
Que le Echara Ganas!

Mi nombre es Arturo. Yo vengo de México, soy de Puebla, México. Ahora tengo 20 años. Yo me crié en Puebla con mis padres y mis hermanos. Son cinco hermanos que compartí mucho con ellos. Todos son hombres y yo soy el cuarto. Mi papá tiene como unos cuarenta y nueve años, mi mamá lleva la misma edad. Ella es bonita, blanca, de pelo larguito. Ella es buena, muy comprensiva, cuando mi papá me regañaba, ella me apapachaba. Es la mejor mamá del mundo para mí. La quiero mucho, la extraño, espero volverla a ver pronto.

Mi mamá se dedica a ama de casa. Mi papá es ganadero, tiene un rancho y se dedica a venta de animales para carne. Mi papá era el que ponía disciplina en la casa. Por ejemplo, cuando estaba uno comiendo, no estar hablando. No decir vulgaridades. Cuando llama mi mamá sólo es una vez. Si no iba, me daba unos cuantos… "tu mamá te está hablando."

Y mis hermanos, todos estudiaban. Cuando regresaban de la escuela, algunos se iban con mi papá a echarle de comer al ganado. Hoy día algunos son ingenieros, maestros y otros se dedican allá con mi papá, a ayudarle. Mi hermano menor ahora tiene como dieciséis años, con él jugábamos fútbol, con los amigos allá echábamos partidos. Me gusta también ver el mundial pero el mundial de México 86 no lo pude aprovechar pues ni había nacido, soy del 86. Apenas miré este mundial, este mundial sí lo miré y me gustó bastante.

Por el lado de mi papá tengo un tío que es ingeniero petroquímico, un tío que es profesor y una tía que es contadora pública. Mi papá sí no tiene ninguna carrera. Por el lado de mi mamá, pues ella no tiene mucho pero pues también, ella no quiere nada de sus hermanos. Son como unos siete, pero ellos no son estudiados, se dedican a la agricultura igual.

Que le echara ganas

Mi mamá, mi papá, tíos, todos me daban consejos. Incluso mi mamá no me dejaba venir para acá a los Estados Unidos, que qué venía a hacer, que yo tenía buen estudio, tenía todo, que otros quisieran tener la misma suerte mía, que los que se venían para acá es porque no tenían bienes en México.

Especialmente me recuerdo de mi tío que se llama Guadalupe que es ingeniero petroquímico. Él también me apoyaba en la escuela, me decía que le echara ganas, que yo estaba bien, que no me faltaba nada. Que cuando ellos comenzaron a estudiar, ellos sí estaban, no pobres pero tenían menos que yo y llegaron lejos. Mi tío dice, "Tu tienes a tu papá que está mas o menos y nos tienes a nosotros tus tíos."

Mi tío Guadalupe me decía "Échale ganas que yo te ayudo." Él me decía que después que yo cumpliera la secundaria, él me iba a llevar para allá a donde estaba él, en Monterrey, para estudiar mi bachillerato en la escuela. Me iba a meter en una de las mejores escuelas.

A mi familia yo sí les escribo y los mando a saludar y ellos también me mandan cartas. Ellos me dicen, "Si no estás bien allá, regrésate, ¿qué haces allá?" Mi mamá está muy triste. Ella dice "Si piensas que estás bien allá pues sigue, pero si no, puedes venirte para acá. Sabes que las puertas están abiertas para ti." Mi papá, él a veces es algo estricto, "Yo te dije que no te fueras para allá, ¿qué vas a hacer allá?, aquí tengo mucho trabajo para ti si es que quieres trabajar."

Yo me crié sólo

Con mis papás yo me crié desde que nací hasta que cumplí la primaria, como a los doce años y ya después de ahí me fui para Atlixco. Yo sólo me fui. Me fui a estudiar a una otra ciudad que se llama Atlixco. Simplemente me quise ir. Mis hermanos no hicieron el mismo camino, pero según yo, me quise ir, pues mi papá tenía una casa allí y a mí me gustó. Y según ahí en Atlixco estaba una escuela que es buena, que es técnica, se llama Escuela Secundaria Técnica No. 3 y yo quise ir allí.

Cuando me fui, estuve sólo. Siempre estaba sólo, me levantaba y no miraba a nadie y en Puebla siempre miraba a mi mamá ya llamándome que iba a desayunar para irme a la escuela. Y ahí no, en Atlixco no había nadie. Me sentía sólo, me sentía un poco extraño porque vivía sólo en esa casa grande que es de mi papá. Para la comida, tenía yo mi a madrina al lado, que ella es mi madrina y desde que me gradué de la primaria ella estaba al lado mío, era vecina mía. A ella mi papá le pidió el favor que me cocinara y ella me cocinaba. Yo iba de tarde a la escuela. Por la mañana me dedicaba a estudiar. Porque mis padres querían lo mejor para mí pero no, pues yo no aproveché esa oportunidad.

Mi madrina me daba el desayuno, el almuerzo y la comida. Desayunaba cereal con leche, huevo, cóctel de fruta, ella me lo traía a mi casa, o a veces cuando yo quería ir para allá, ella me decía que fuera para su casa, pero no, siempre me gustaba estar sólo, me lo traía aquí en la casa mía. La madrina mía se encargaba de limpiar la casa y mi papá le pagaba. Mi mamá cada tercer día me llevaba la ropa. Se llevaba la ropa que ya estaba sucia y me traía bastante ropa limpia. Ella lava la ropa en una máquina. En facilidades es casi lo mismo que aquí, yo conocí la máquina de lavar la ropa allá, es casi lo mismo.

A mi madrina la extraño pero no mucho, igual le debo mucho porque ella me cuidó. Aunque mis papás le pagaban, pero gracias a ella me fue bien allí, casi dos años.

En Atlixco estudié la segundaria y llegué hasta segundo grado y me salí sólo por el simple hecho de venirme para acá, pero mis papás no me dejaban venir; ellos me decían que yo allá tenía todo. Yo iba a la escuela, pero no me importó, yo me salí. Pues mis papás se desilusionaron de mí porque ellos querían que yo estudiara. En realidad yo de todo tenía en México, porque mis papás no tienen mucho pero tienen bienes.

Recuerdo a una maestra de Atlixco, de la secundaria. Yo le platiqué que me quería venir para acá y ella me dijo que no, que mis papás tenían todo para mí, que ellos querían lo mejor para mí, y ella también me platicaba mucho que no viniera aquí, que siguiera en la escuela. Pero no, también no le hice caso. Como a los tres meses de haber dejado la escuela me vine para acá. Mi madrina me decía que eso no estaba bien, que mi mejor futuro estaba ahí, pero no, "Yo me voy para allá."

Una historia linda

Mi historia linda de mi vida fue que mi papá y mi mamá me llevaron a Acapulco; estuvimos dos meses de vacaciones. Nos tomamos fotos, fuimos a la cascada, allí estuvimos. Después fuimos a un lujoso restaurante. Después de ahí nos regresamos para México y después nos fuimos para la casa, para Puebla. Fuimos sólo mi papá, mi mamá y yo. En Acapulco nos quedamos en un hotel como dos meses.

Cabalgar a caballo

Nosotros somos de la ciudad pero a mí me gustaba más el rancho. El rancho es bastante grande, como de veinte hectáreas. Allí hay una casa donde viven los trabajadores que cuidan. Este rancho está como a una hora en carro desde mi casa, en San Juan Vallarta. En ese rancho tenemos ganado cebú, además caballos, cerdos, borregos, chivos. También mi papá siembra chiles y tomates, lechuga y cebolla. Mi papá contrata algunos trabajadores para que se hagan cargo.

Cada vez que iba me quedaba un par de semanas, unas dos, tres semanas. Me gustaba porque había ganado, aire puro, el cantar de los pájaros y me gustaba cabalgar a caballo. Era lo que me gustaba y en la ciudad pues no hay eso.

A mí me gustan mucho los caballos, sé montar y nunca he tenido un accidente, nunca me he caído. Mi papá me enseñó a montar desde pequeño, cuando yo tenía como ocho años él me llevaba al rancho.

A mí me gustan los chilaquiles

A mí me gustan los chilaquiles, las enchiladas, semitas, carne, una carne que le llamamos cecina, una carne que es muy rica. Cuando llegué a los Estados Unidos, encontré casi la misma comida, sólo que en mi casa la que cocina es mi mamá. Mi comida favorita son los chilaquiles de carne y también me gusta el pollo.

Para que no se aburran

Allí cada quien cuando cumple años lo celebran en grande pero de una manera sencilla. Hacen una comida que se llama Mole Poblano. Eso es muy tradicional. Se prepara friendo todas las sazones. Ya que están hechas las sazones, pues mi mamá hierve la carne, le echa la sazón y así se convierte en mole. Ese día pues se invita a toda la familia de mi papá y de mi mamá. Son los hermanos de ellos. Son bastantes, en esas fiestas nos juntamos cerca de cien. También llevamos un pastel que lo compra mi papá. Mi favorito es el de chocolate. En esta fiesta traen payasos pues porque hay bastantes niños, entonces, para que no se aburran, mi papá contrata payasos y hasta los grandes se divierten. En esa fiesta es muy tradicional la cerveza y también se traen regalos. Un regalo que me gustó bastante fue un caballo que me regaló mi papá. Ese regalo me gustó bastante.

Le echan sus mañanitas

Una fiesta importante es el "Cinco de Mayo", que es la batalla de Puebla donde se celebra…no recuerdo muy bien pero se colocan banderas. El cinco de mayo fue cuando la batalla de Puebla, cuando se enfrentaron los mexicanos contra los franceses y derrotaron a Francia.

Otra fiesta popular es el día de la revolución, el 20 de noviembre. Ese día desfilan todas las tropas de allá que son de soldados. Llevan en alto un cartelón de Emiliano Zapata que fue el héroe de esa revolución y van marchando por todas las calles. En esto participa todo el pueblo, todos marchan, nadie trabaja. En el colegio se hacen representaciones. Por ejemplo yo participé de Emiliano Zapata y me pusieron un bigote, con un sombrero y un arma.

La virgen se celebra el doce de diciembre, es el día de la virgen de Guadalupe. Se le hace su capilla y se adorna muy bien con animalitos de juguete. Le dan sus mañanitas, muchos grupos musicales van a la basílica de Guadalupe que está en México. Llega mucho artista que le echa sus mañanitas. Muchas personas llevan chocolatada, le reparten a la gente tamales y ahí hasta que amanecen se quedan toda la noche. Los rezos, yo no sé de eso pero va un cura que ayuda.

Yo vine de mojado

Me vine para acá hace tres años. Pues simplemente no vine por necesidad. Sólo quería conocer. Por eso me vine. Me salí de la escuela, yo dejé de ir a la escuela en México no sé por qué, simplemente porque me quise venir para acá porque tenía primos, amigos que me contaban, "No allá es muy bonito, deja la escuela, salte de la escuela y vete para allá." Según yo, no sé que me entró por la cabeza, me salí de la escuela y pues me vine para acá. Mis papás no me dejaban pero yo insistí bastante y pues ya, no tenían más alternativa que dejarme que me viniera para los Estados Unidos.

Yo vine, como decimos por acá, yo vine de mojado, pasé por el desierto. Vine sólo, de familiares no vine con nadie. Pasé yo sólo con un grupo de gente de allá que lo conseguí por un amigo que me dijo que él se iba a venir para acá y pues yo, me entró la idea de venirme para acá también, insistí mucho con mis papás que me quería venir para acá. Me cobraron como tres mil dólares para pasarme. Pues aquí tengo un hermano y él me ayudó, porque aunque mi papá tenía el dinero, él no puso nada porque no quería que me viniera para acá; pero mi hermano me puso el dinero.

Pasé por el desierto. Caminé máximo tres horas, llegué a un rancho que está en Phoenix, Arizona, que es de un mexicano. Ahí me quedé como un día, durmiendo, descansando. Y a través de allí llegó otra camioneta, nos levantó y nos cruzó para acá, que fueron cuatro días para llegar a Nueva York. Cuando venía en el camino, sentía feo, que eran ocho días en carro. Buscaba a mi mamá, a mi papá, ya me daba cuenta que en realidad me quería regresar, yo estaba bien en México, los buscaba a ellos, me quería regresar rápido pero digo, ya estoy adentro, yo mejor me vengo.

Llegué acá a la casa de mi hermano, donde rentaba. Al principio me costó adaptarme porque no conocía a nadie, no tenía amigos. Pues con mi hermano sí me llevaba bien pero como era bastante tiempo que no lo veía, diez años, también me costó adaptarme a él. Él cambió bastante porque yo que me recuerde, él se vino así casi igual que yo, y ahora que lo miré ya tiene cuerpo de señor. Y me costó adaptarme, ya no es igual la conversación, la confianza. Me costó pero a la vez sí somos buenos hermanos. Él está casado, tiene dos hijos y la relación con su familia es bonita. La cuñada se porta bien conmigo y es como una hermana para mí.

Allá en México yo no trabajaba pesado. Vine a trabajar pesado aquí en los Estados Unidos. En México sólo le ayudaba a mi papá a echar de comer al ganado, pero eso no es pesado. Aquí es que vine a trabajar pesado, pues a trabajar en eso de jardinería, pero me gustó, me gusta. Eso cuando se cae la hoja, hay que levantarla. Este trabajo lo conseguí a través de un amigo, en una compañía de jardinería que va a muchas casas y que trabaja todo el año, sólo se termina hasta el 20 de diciembre, y descansamos como dos meses –enero y febrero- y comenzamos de nuevo en marzo.

Yo tengo una casa. Mi casa la compré con el dinero de mi trabajo aquí. Yo me puse una rutina que cada ocho días tenía que mandar mínimo quinientos dólares. Lo mandaba por un *courier* pagando cuatro dólares por cada cien dólares. Allá me ayudaba mi papá, él fue el que me hizo la casa desde abajo en Atlixco, en un terreno que me dio mi papá. Mi casa es de dos pisos, tiene bastante terreno. Ya está terminada pero nadie la habita. Mi papá le da la manutención. Esta casa queda en la misma calle donde vive mi madrina.

En realidad no tengo nada en contra de este país, me adapté bien, todo me gusta. La comida no me cayó extraño, pues ahí estaba mi cuñada y ella cocina casi como mi mamá. La comida no me cayó extraño. En una comida de familia hay ensalada, habichuelas como ustedes las conocen, arroz, comida en especial, una que se llama "caldo de res con verduras". Para los cumpleaños también los celebramos y como le digo, como mi cuñada también es mexicana y cocina igual que mi mamá, ella hace esa comida que es mole, qué sé yo, tamales.

Ir a los bares, ese era mi vicio

No tengo amigos pero sí amigas. Amigos tengo en el trabajo, bueno sólo por el trabajo hablaba con ellos. Lo que más me gustaba era ir a trabajar, iba a un parque a jugar fútbol, de ahí venía y salía a la calle a echar una vuelta, yo sólo. Pues el vicio que yo tenía era que me iba a meter a los bares. Ése era mi vicio. Yo entraba a los bares, pues iba cada ocho días ahí en Queens, a tomar un par de cervezas, a bailar, ese era mi vicio, sólo iba a divertirme y bailar y unas cinco o tres cervezas sólo me tomaba. Era lo que me gustaba, ir a bailar, relajarme un poco.

Mónica fue la que me enseñó a bailar

Yo dejé un amor en México. Pues a Mildred la conocí, yo no tenía novia. Comencé a tener novias cuando me fui sólo para Atlixco. Pues yo iba a la escuela y de ahí me enamoré de una chica que se llama Mildred. Tuvimos una bonita relación, la llevaba a mi casa pero no pasaba nada porque yo la respetaba mucho. Mildred ya no es mi novia pues terminamos porque me vine. Primero sí la extrañaba pero ahora ya no, se me olvidó, como me vine para acá y como a los cinco meses empecé a conocer más chicas. Y ahora tengo una novia acá que se llama Mónica, pues la conocí en una fiesta que tenía mi hermano y yo no quería ir, pero fui y ahí la conocí. Me gustó su forma de ser, bonita, simpática. Ella es de Tlaxcala, México. Ya llevamos como tres años de novios. Yo me vine a los dieciséis años, hace cuatro años, he estado casi todo el tiempo con ella.

Yo salía los sábados a bailar un rato. Mónica estaba en su casa y yo la iba a ver los domingos. Algunas veces yo iba a bailar con Mónica, ahí en Queens, a bailar bastante música variada. Me gusta bailar música mexicana que es norteña, cumbia. Yo aprendí a bailar aquí, con Mónica, ella me enseñó porque yo no sabía bailar nada. Fue Mónica que ella me conquistó, se acercó a mí y me dijo vamos a bailar y se me caía la cara de vergüenza de no saber bailar, pues así salí, traté bailar pero la verdad le dije "Yo no sé bailar", "Yo te enseño," hay fue que me conquistó, hay comenzamos el noviazgo, ella me dio su número de teléfono, yo le di el mío, me llamó y empezamos una bonita relación.

Me quiero casar con ella. Mi futuro sería tener mi esposa. Quizás, yo pienso que Mónica quiere ser mi esposa, ella sabe y según ella me está esperando. Yo quiero que ella sea mi esposa y tener unos tres hijos, máximo, me gustaría tener dos hombres y una mujer. Como ya tengo mi casa en México, me gustaría irme para allá, seguir el mismo paso de mi papá, seguir conservando el ganado, dedicarme a eso. No sé si Mónica quiere volver, pero si no quiere, pues voy a tratar de convencerla y si no se quiere ir, pues acá me quedo igual. Y si me quedo, pues me quedo a trabajar y echarle muchas ganas.

Nunca es tarde

A mis hijos, lo primero que le diría a mis hijos es que estudien, llevarlos al parque, enseñarles cosas buenas para que no caigan en cosas malas. Enseñarles cosas buenas. Como a mí mismo, como le digo, para mí todo está bien, yo vivía con mis padres y ellos me trataban bien. El que desaprovechó fui yo. Hay bastantes que quisieran esa oportunidad, pero uno por tenerlo todo, a veces ¿no sé? Después uno reflexiona pero ya es tarde, es lo que me pasó a mí, me vine para los Estados Unidos. No me va tan mal pues no me quejo, quiero ser un artista, cantar música ranchera. Quizás con el tiempo lo logre, nunca es tarde.

Lo que yo les quiero decir a algunas personas de la calle es que escuchen a sus padres. Si sus padres les dan buen consejo, pues que los escuchen. Los padres quieren lo mejor para uno, ya me di cuenta. Y a veces por los amigos, a veces uno se deja llevar y deja uno todo, que ahí está el futuro. Y un dicho importante que les quiero decir es que "el respeto al derecho ajeno es la paz".

Cuando regrese, lo primero que haría es ir a ver a mis papás, a darles un abrazo, que tenían razón.

Arturo

Throw myself into it

My name is Arturo. I'm from Mexico, Puebla, Mexico. Right now, I'm 20. I grew up in Puebla with my parents and my brothers. There are five of us, and I shared a lot with them growing up. We're all boys and I'm the fourth. My dad is about 49, my mom's the same age. She's pretty, pale–skinned, long hair. She's nice, understanding, when my dad would scold me, she'd baby me a little. She's the best mom in the world for me, I love her very much, I miss her, I hope I get to see her again soon.

My mom is a housewife. My dad is a farmer, he's got a ranch and he sells animals for their meat. My dad is the one who laid down the discipline in the house. Like, don't talk when you eat. Don't swear. When my mom's calling, she only has to do it once. If I didn't go he'd give me a few… "Your mother is talking to you."

And my brothers, they all went to school. When they'd get back from school, some of them would go out and feed the animals. Now, they're engineers, teachers and others are there with my dad, helping him out. My younger brother is 17 now, we played soccer with him, we'd have games with our friends over there. I like to see the World Cup too, but I didn't get to see the Mexican World Cup in '86 because I wasn't even born yet, I was born in '86. I hardly saw this year's, I watched it and I liked it.

On my dad's side, I have an uncle who's a petrochemical engineer, an uncle who's a professor and an aunt who's a public accountant. My dad doesn't have a career like that. On my mom's side, she doesn't have a lot, but she doesn't want anything from her brothers and sisters. There are like seven of them, but they didn't get degrees, they work in agriculture.

Throw myself into it

My mom, my dad, uncles, they all gave me advice. Even my mom wouldn't let me come to the United States, what was I coming to do? I've gone to good schools, I had everything, other people should be so lucky, the people who come here come because they don't have the resources in Mexico.

I remember especially my uncle, his name is Guadalupe, he's petrochemical engineer. He was helping me out with school, he told me I had to throw myself into it, that I was fine, that I didn't need anything. That when they started school, they were, well, not poor, but they had less than I did and they went far.

My uncle says, "You've got your dad who's not great, and you've got us, your uncles."

My uncle Guadalupe would say, "Throw yourself

into it, and I'll help you." He told me that after I finished tenth grade, he was going to bring me to where he lived in Monterrey, to get my diploma. He was going to put me in one of the best schools.

I do write to my family, and they write to me, too. They say, "If you're not doing ok over there, come back. What are you doing there?" My mom is very sad. She says, "If you think you'll be ok there, stay, but if you don't, you can come home. You know that the doors are open to you." My dad, sometimes he's a little strict, "I told you not go, what are you going to do over there? I have a lot of work for you here if you want to work."

I grew up alone

I grew up with my parents until I finished middle school, around 12 years old, and then I left for Atlixco. I went alone. I went to school in another city called Atlixco. I just wanted to go. My brothers didn't follow the same path, but I wanted to go, my dad had a house there and I liked it. In Atlixco there was a good school, a technical school called *Escuela Secundaria Técnica No. 3* and I wanted to go there.

When I left, I was alone. I was always alone, I woke up and didn't see anyone and in Puebla I'd see my mom calling me to breakfast before school. And there no, in Atlixco there wasn't anyone. I felt alone, I felt a little weird because I lived all alone in my dad's big house. For food, I had my godmother next-door, she's my godmother and she's been by my side since I graduated from middle school, she was my neighbor. My dad asked her to cook for me and she cooked for me. I went to school in the afternoon. In the mornings,

I studied. Because my parents wanted the best for me, but no, I didn't take advantage of that opportunity.

My godmother gave me breakfast, lunch and dinner. I ate milk and cereal, eggs and fruit salad for breakfast, she brought it over to my house, or sometimes when I wanted to go over, she'd tell me to come over to her house, but no, I always liked to be alone, and she brought it over to my house. My godmother took charge of cleaning the house and my dad paid her. My mom washed my clothes for me every three days. She'd take the dirty clothes and bring me clean clothes. She washed the clothes in a washing machine. The facilities are practically the same as here, I knew about washing machines over there, it's practically the same.

I miss my godmother, but not too much, I owe her a lot for taking care of me. Even though my parents paid her, thanks to her I was all right there almost two years.

In Atlixco, I went up to 10th grade and I quit school simply because I wanted to come here, but my parents wouldn't let me come; they told me that I had it all. I went to school, but I didn't care about it, I quit. My parents were disappointed in me because they wanted me to go to school. In reality, I did have it all in Mexico, because my parents don't have a lot, but they turn a profit.

I remember one teacher in Atlixco, from high school. I told her that I wanted to come here and she told me no, that my parents had everything for me, that they wanted the best for me, and she talked to me a lot about not coming here, about staying in school. But no, I didn't listen to her either. Around three months after leaving school, I came here. My godmother told me that wasn't right, that the best future for me was there but no, "I'm going."

A nice story

The nicest story I have in my life is when my dad and my mom took me to Acapulco; we were there two months on vacation. We took photos, we went to the waterfall, we went there. After we went to this fancy restaurant. Then we went back to Mexico City and then we headed home, to Puebla. It was just my mom, my dad, and me. In Acapulco we stayed in a hotel for about two months.

Horseback riding

We're from the city, but I like the ranch better. The ranch is pretty big, around 20 hectares. There's a house where the workers who take care of the animals live. The ranch is about an hour by car from my house, in San Juan Vallarta. In the ranch we have zebus, and horses, pigs, lambs, goats. My dad also plants chilies and tomatoes, lettuce and onion. My dad hires some workers to take care of it.

Every time I went, I'd stay for a couple of weeks, two or three weeks. I liked it because there was the farm, fresh air, birdsongs, and I liked horseback riding. It was what I liked and you can't do that in the city,

I liked the horses a lot, I know how to ride and I've never had an accident, I've never fallen. My dad taught me how to ride when I was little, when I was around eight years old, he started taking me to the ranch.

I like *chilaquiles*

I like *chilaquiles*, *enchiladas*, *semitas*, this particular meat that we call *cecina*, it's delicious. When I got to the United States, I found almost the same food, it's just that at home my mom would make it. My favorite food is *chilaquiles* with meat and I like chicken, too.

So they wouldn't get bored

There whenever it's your birthday, it's a big deal, but you celebrate it a pretty simple way. They make this dish, *mole poblano*. It's very traditional. You make it by frying up all the spices. When those are done, my mom cooks the meat, adds the spices and it becomes mole. All the family on my mom's side and my dad's side are invited. It's their brothers. There are a lot of them, when we get together at these parties there near about a hundred of us. We also have a cake that my dad buys. My favorite is chocolate. There are clowns at the party, because there are some kids –it's so they don't get bored, my dad hires clowns and even the grownups have fun. Traditionally, we have beer and there are presents at the party. One present I liked a lot was the horse my dad gave me. I liked that present a lot.

Sing *Las mañanitas*

A really important holiday is Cinco de Mayo, it's Puebla's battle where you celebrate…I don't really remember but you hang up flags. Cinco de Mayo was when the Battle of Puebla happened, when the Mexicans fought the French and France was defeated.

Another popular holiday is the day of the

Revolution, November 20th. There's a parade of all the troops. They hold a big placard of Emilio Zapata who was the hero of that revolution and they go marching through the streets. The whole town participates, everyone marches, no one goes to work. At school they put on performances. One year I was Emilio Zapata, they dressed me up with a moustache, a *sombrero* and a gun.

The virgin is celebrated the 12th of December, that's the day of the Virgin of Guadalupe. You do up a chapel, decorate it with stuffed animals. You sing her Las Mañanitas, a lot of music groups go to the basilica in Mexico City. Many artists come and sing to her. A lot of people bring *chocolatada*, they give out tamales and they stay from sunup until dark. The prayers, I don't know them, but there's a priest who helps.

I came over as border jumper

I came here three years ago. Basically, I didn't come out of necessity. I just wanted to see it. That's why I came. I quit school, I left school in Mexico, I don't know why, I just wanted to come here because I had cousins over here, friends who'd tell me, "No, it's really nice here, leave school, quit and come over." Really, I don't know what got into my head, I quit school and I came over. My parents wouldn't let me but I insisted and they didn't have any other choice but to let me come to the United States.

I came, like we say, I came over as border jumper, I came through the desert. I came alone, not with anyone I knew. I came alone with a group of people that I got through a friend who told me that he was going to come over and so I got the idea to come myself, and I insisted that my parents let me come. They charged me three thousand dollars to bring me. I have a brother over here, and he helped me out, because even though my dad had the money, he wouldn't put it in any because he didn't want me to come, so my brother put up the money.

I came through the desert. I walked three hours at the most, and arrived at a ranch in Phoenix, Arizona, owned by a Mexican. I stayed there for about a day, sleeping, resting. Another truck came through and picked us up and took us here, it took four days to get to New York. When I was on my way, I felt awful, eight days in a car. I was looking for my mom, for my dad, and I realized that I actually wanted to go back, that I was doing fine in Mexico, I looked for them, I wanted to go back quick, but I said to myself, I'm already here, I might as well.

I got to my brother's house, the place he was renting. At first, it took me a while to get adapted because I didn't know anyone, I didn't have any friends. I got along well with my brother but it'd been a while since I'd seen him, ten years, and it took me a while to get used to him, too. He'd changed a lot because from what I can remember, he came here almost exactly like me, and now I look at him and he's got an adult body. And it took me a while to get used to it; the conversation isn't the same, the trust. It took me a while, but at the same time, we're good brothers. He's married; he has two kids and a nice relationship with his family. My sister–in–law is good to me, she's like a sister to me.

In Mexico, I didn't do hard labor. I did hard labor once I came to the United States. In Mexico I only helped my dad feed the animals on the farm, but that's not hard. Here is where I started doing hard labor, doing landscaping, but I liked it, I like it. You know, when the leaves fall, you have to pick them up. I got that job through a friend, in a landscaping company that goes to a lot of houses and works all year, it stops on December 20th and we rest for around two months –January and February– and we start again in March.

I have a house. I bought my house with the money from my job here. And I started a routine that every eight days I had to send home at least 500 dollars. I sent it through a courier; I paid four dollars for every hundred. My dad helped me with it; he's the one who made the house from the bottom up in Atlixco, from a piece of land he gave me. My house has two floors, it's got some land. It's all done, but nobody lives in it. My dad keeps up the maintenance. The house is on the same street my godmother lives on.

Really, I don't have anything against this country, I adapted well, I like all of it. The food didn't seem strange to me, I had my sister-in-law and she cooks almost just like my mom. The food didn't seem strange. At a family meal we've got salad, beans and rice, special food, something called, "Meat broth with vegetables." For your birthday, like I said, my sister-in-law is Mexican too and she cooks just like my mom, she makes mole and whatever else, tamales.

Going to bars, that was my weakness

I don't have guy friends, but yeah, I have friends who are girls. I have guy friends at work, but they're just work friends , that's why I would talk to them. What I liked best was going to work, going to a park to play soccer, then I'd go out and walk around by myself. But I had the bad habit of going into bars. That was my weakness. I'd go to bars every week or so over in Queens, drink some beer, dance, that was my weakness, I just went to have fun and dance —I'd only have five or three beers. That's what I like, going dancing, relaxing a little.

Monica was the one who taught me to dance

I left a love behind in Mexico. I met Mildred, I didn't have a girlfriend. I started to have girlfriends when I went to Atlixco by myself. I went to school and I fell in love with a girl there named Mildred. We had a nice relationship, I took her to my house but nothing happened because I had a lot of respect for her. Mildred isn't my girlfriend anymore; we broke up when I came here. At first, yeah, I missed her but now I don't, I started to forget about her after I came here, and about five months later I started meeting more girls. And now I have a girlfriend named Monica, I met her at a party my brother threw and I didn't want to go, but I went and I met her. I liked the way she was, pretty, nice. She's from Tlaxcala, Mexico. We've been together for about three years. I came here when I was 16, four years ago, and I've been with her for almost that whole time.

I'd go out Saturdays and dance a little. Monica was home and I'd go see her on Sunday. Sometimes I'd go dancing with Monica, out there in Queens, dance to a lot of different kinds of music. I like to dance to music from northern Mexico, Cumbia. I learned to dance here, with Monica, she taught me because I didn't know how to dance at all. Monica seduced me; she came up to me and said, "Let's dance." My face fell from the shame of not knowing how to dance and I went out on the floor and tried, but I told her the truth, "I don't know how to dance."

"I'll teach you."

And she seduced me, that's how we started going out, she gave me her phone number and I gave her mine, she called me and we started a beautiful relationship.

I want to marry her. My future will be with her as my wife. I think maybe Monica wants to be my wife, she knows and she says she's waiting for me. I want her to be my wife and have three kids, at the most; I'd like to have two boys and a girl. I already have my house down in Mexico, so I'd like to go there, follow in my father's footsteps, keep the farm going, make my living doing that. I don't know if Monica wants to go back, but if she doesn't, well, I'm going to try and convince her and if she doesn't want to go, I'll stay here. And if I stay, well, I'll stay to work and throw myself into it.

It's never too late

The first thing I'll tell my kids is to go to school, take them to the park, teach them good things so they won't fall into bad things. Show them good things. Like for me, like I said, everything was good for me, I lived with my parents, and they treated me right. I'm the one who wasted it. There are plenty of people who would like this opportunity, but having everything sometimes, I don't know. You look back on it but it's too late, that's what happened to me, I came to the United States. It's not going that bad, I'm not complaining, I want to be an artist, sing *ranchera* music. Maybe I'll do it with time, it's never too late.

What I want to tell people from the streets is that they should listen to their parents. If their parents give them good advice, they should take it. Your parents want the best for you, I realize that now. And sometimes because of your friends, you let yourself go and you leave everything, your future. A very important saying we have is one I want to tell them, "Respect for everyone's rights means peace."

When I get back, the first thing I'll do is go and see my parents, give them a hug, they were right.

Enano

Yo no Peleo, me Hacen Pelear

Me llaman Enano. Nací en México, en Guerrero, en un pueblo que se llama Xochiuehuehtlan. Es muy bonito. Hay animales, parques, árboles. Pues, hay conejos, ganados, de todo. Vivía allí seis años en una casa con mi mamá, con mi papá y cuatro hermanos. Somos tres hombres y tres mujeres. Mis hermanas, ellas trabajaban en la casa, siempre ayudaban porque sabían hacer cosas de casa, sabían hacer comida, mole, todo eso, los frijoles, caldo de pollo, ya no me acuerdo qué otras cosas. De los hombres, dos están aquí y no se preocupaban por mis papás. Uno de ellos se vino desde que yo nací. Cuando tenía un año se vino él para acá y desde entonces ya no le he visto. Tiene veinte años para acá. Yo soy el más chiquito de mi casa, tengo veinte años, acabo de cumplir veinte años.

Desde los seis años yo le ayudo a mis papás. A

esa edad me trajo un tío para Cuernavaca. Me trajo para vivir con él y desde allí yo empecé a trabajar y yo quería trabajar allá. Le iba a ayudar a mi tío porque él sembraba jícama y yo podía trabajar en eso. Como allá es de trabajar desde chiquito, quería trabajar porque mis papás no tenían. Bueno, yo cosechaba jícama, no la sembraba sino que la cosechaba, la arrancamos de debajo de la tierra y la escarbamos y ya que la escarbábamos, la sacábamos, la echábamos en unos bultos y allí las llevábamos a lavar en el río, para después venderlas.

Solamente convivíamos felices en el año nuevo
Cuernavaca se puso feo, por eso, cuando cumplí los quince años, me volví a regresar a estar con mis papás y mis abuelos. Cuando volví a mi pueblo encontré que era bueno, lo extrañaba. Muy bien, muy bonito. Bueno, convivíamos mucho con mis hermanos pero no me gustaba porque sufría mucho mi mamá por mi hermano, por el mayor que está aquí. Ella siempre sufre mucho.

Solamente convivíamos felices cuando era el año nuevo. Nosotros estábamos todos allí, hablaba mi papá y todo. No me acuerdo de lo que hablaba pero hablaba de muchas cosas. En la navidad también, el nacimiento del Niño. Se junta la familia para la Navidad, hacen la comida, el mole. Pues, en el año nuevo yo me salí para la calle, porque me gusta ir a la calle.

Cuando me llevaron de Cuernavaca yo ya no estudié. Yo seguía trabajando, haciendo tabique, o sea bloques de cemento. Como allá se ocupa de tabique, yo hacía tabique en la noche y en el día trabajaba repartiendo cemento. En la tarde escarbaba para construir mi casa. A la vez sí me gustaba, a la vez no porque era pesado. Pero con ese trabajo yo les ayudaba a mis papás, porque ellos no tenían dinero. Y como mi hermano que ya está aquí no se preocupaba por ellos.

Me hice una casa allá con el trabajo. Yo compré un terreno, después me ayudó el señor, el dueño del cemento, a hacer una casa de material y ya iba yo pagándole poco a poco. La casa es para mi papá. La hice en tres años. Yo pago 1500 pesos a la semana. Y con el dinero que ganaba, la mitad le dejaba al señor y la otra mitad le dejaba a mi papá. Eso es lo que hacían. Tenía yo como diecisiete o dieciséis años. El terreno era bonito. Tenía una máquina para que lo implantara y allí escarbamos, yo, mi papá y un primo. Es una casa de cinco cuartos, el baño y la cocina. También como mis papás son de campo y a ellos les gusta sembrar, entonces yo cuando estaba allá, mi hermano le dijo a mi papá que le iba a comprar un riego pero a la final él no quiso así. Entonces yo trabajé más y le compré el terreno a mi papá y ahora él está sembrando.

Para que ella no siguiera sufriendo

Estando con mi mamá me trajo la loquera de venir para acá, para los Estados Unidos. Tomé la decisión de venir para acá por mi mamá, para que ella no siguiera sufriendo y también porque ellos necesitaban dinero. Pues no me gustaba esa situación así que a los dieciocho me vine para acá, según para buscar a mi hermano pero no lo encontré. Me lo dijo mi mamá que si me quería ir para acá, mi otro hermano que también se había ya venido, que él me iba a ayudar con dinero. Pero cuando llegué aquí no fue sino empezar a trabajar y me dijo mi hermano que tenía que devolverle el dinero. Y, yo no sé por qué hizo eso.

Me tuve que aguantar la sed

Para la venida, uff, bueno, salimos de allá un domingo. Salimos, bueno éramos treinta y cinco, pero no del mismo pueblo sino de diferentes y el que era el coyote es mi primo. Él me ayudó a pasar. La zona por donde no se puede ir pasando, pues, pasamos por allí. Tardamos como seis días caminando, montañas, cerros, ríos. En una parte nos corrió la inmigración, yo me pegué detrás de mi primo que era el coyote y él dijo que cuando pararan, allí mismo nos íbamos a encontrar. Y todos nos apartamos y yo no quise que no nos agarraran a ninguno pero al final todos bajamos bien, los treinta y cinco. Unos se agarraron por dondequiera y donde no nos vieron la inmigración, allí nos juntamos y de allí vamos al otro camino. Llegamos ya para tomar el avión para acá. No me acuerdo de cómo se llama.

Estuvimos quince días viajando, cuatro días sin tomar agua ni comer porque no había nada. El río pues está sucio y no puedes tomar de eso porque te puedes enfermar allí. Me tuve que aguantar la sed. Algunos se enfermaron. Vino una señora embarazada, ella se regresó desde allá, por donde nosotros pasamos otro coyote la pasó pero por la línea. Y luego cuando llegamos ella ya estaba allí y digo ¿por qué? Pero ella pasó más rápido, pasó en carro, porque ella tenía ya cuatro meses de embarazo.

En El Paso, Texas, los coyotes sólo nos compraron una playera y un pantalón de tela, diciéndonos que no estaba frío en Nueva York. Al llegar al Kennedy recién el hielo se estaba derritiendo. A mi casa llegué entumido, o sea congelado porque aquí era fines de febrero y hacía mucho frío.

El primer día, no me gustó

Llegué en Kennedy. Y me ayudó una señora del otro pueblo porque su marido le había traído. Y mi hermano no sabía porque mi primo se regresó, él sólo me mandó al avión pero no subió, no sé porqué mi primo no vino hasta aquí así que yo le hablé a mi hermano, le digo que en tal parte estoy y él me vino a traer aquí en Manhattan. Allí me esperó, y la muchacha me ayudó para llegar allí con el carro de su esposo. Nos encontramos a mi hermano y allí nos fuimos para el cuarto en Queens en un building de seis pisos. Estaban cuatro allí, eran sus amigos de él, yo no los conocía. A la vez me cayó bien mi hermano, pero a la vez me enojé un poco con él porque no mandaba dinero para México, pues, no sé qué tenía, según él, le gustaba mucho salir a los bailes a gastar su dinero.

El primer día en los Estados Unidos no me gustó. La primera semana no me gustaba. La primera, bueno no tenía dinero y mi hermano se enojaba porque no trabajaba. No me gustaba porque aquí tienes que comprar todo, renta, luz, teléfono. Y allá en México no, allá no pagas luz, allá puedes sembrar cosas, maíz, verduras, frutas y de allí sacas. Y aquí no, aquí tienes que trabajar y trabajar y trabajar. El dinero de aquí vale más que en México. Pero allá en México puedes trabajar o no, e igual estás comiendo. Es por eso que me gusta estar más en México que estar aquí.

Yo lloraba porque me quería regresar, porque extrañaba y extrañaba a mi mamá, a mi papá, a mi familia. Pero me dijo mi hermano, "Ya estás aquí, ya no te puedes regresar." Es lo que me ayudó. Encontré un trabajo después de tres meses mientras me recuperaba porque…

Yo no peleo, me hacen pelear

Me tenía que aguantar a mi hermano que me regañaba que por qué no buscaba yo trabajo y le dije, "Yo no sé, tú me tienes que buscar un trabajo." Y él no quiso y entonces salí. Yo salí a buscar uno, allí, cerca de donde vivíamos. Y encontré en un restaurante, yo trabajaba en el 71st y Jamaica Ave., lavando platos. Estaba bien pero eran muchas horas, eran doce horas, trabajaba en la noche, de las seis de la tarde a las seis de la mañana. Allí lo aguanté como siete meses. Después me busqué otro trabajo pues me dijo mi primo que tenía un trabajo para mí, manejando un carro y allí me compuse porque me estaban pagando quinientos dólares a la semana.

Una experiencia que viví aquí fue que por primera vez me asaltaron en la *Jamaica*. Me pagaron ese día de tres semanas y como me pagaban 300 dólares, pues eran mil y algo. Entonces me estaban esperando allá en el tren unos morenos que no los había visto antes, bueno, uno sí lo vi que me andaba siguiendo pero no me di cuenta. Allá en Queens en una parada yo salí a las dos de la mañana porque volvía de trabajo y en esa parada no había ni cámaras ni nada. Y yo bajé allí y ya, me quitaron todo el dinero y me pegaron. No me podía defender porque tenían pistolas. Me defiendo me meten un balazo, por eso peleé con ellos.

Yo le dije a mi hermano que no me habían pagado y nunca más se dio cuenta de que me habían asaltado. Yo no le quería decir porque a mí no me gusta que se metan en mi vida, además ya no me iba a dejar salir en la noche o trabajar en la noche. Él no me iba a dejar y el único trabajo era ése pues yo no sabía hacer otra cosa. Mi primo sí se enteró porque yo confío más en él que en mi hermano. Y le dije a mi primo que me habían asaltado y me dijo, "No, ya no vayas a trabajar allá." Me llevó al otro trabajo, al de los carros. Y allí más de una vez me querían quitar la bici, pero yo no me dejé. Pero me llevé un golpe también en la cabeza pues yo iba manejando y unos morenos se me pararon enfrente y cuando yo sentí, uno me dio un golpe con un boxer de anillos de hierro. Saqué la cadena y le pegué. De ahí me fui al hospital.

Allí en México hay secuestros pero aquí también hay de eso. Aquí es más de delincuencia. Allá en México te puedes defender, allá los conoces y aquí no, aquí se van a otra parte y ya no los vuelves a ver. Y allá no, allá los vuelves a encontrar entonces ya es otro problema. Si te pegó con cinco, seis amigos y después te encuentran sólo entonces se desquitan. Aquí no, aquí te vuelven a dar igual. Yo no peleo, me hacen pelear. Cuando salga de aquí los voy a rechazar, los voy a ignorar.

Aquí no se puede vivir sin el inglés
Me gusta más el carro porque allí aprendí muchas cosas. Aprendí a cocinar, cocinar arroz, cocinar carne, a hacer ensalada y vender la comida en Manhattan. El carro se pone en la avenida donde cruzan el puente entre Queens y Manhattan, en la primera avenida que no me acuerdo de cómo se llama, allí se pone el carro. Y yo allí trabajaba con otro hispano y trabajamos allí los dos haciendo la comida. Él hablaba inglés y me

pedía en español. Le pedían en inglés y me daba lo que tenía que servir en español.

El dueño hablaba un poco de español y la mayor parte lo entendía. Ahora yo lo entiendo el inglés pero no lo puedo hablar porque hay palabras casi iguales y yo las revolví con las palabras de español. Y es por eso que casi no hablaba yo inglés y aquí no se puede vivir así. Como no tenía tiempo para ir a la escuela porque allá fuera siempre estaba trabajando.

Trabajábamos en la mañana y luego otra vez en la tarde. Trabajaba de las cinco de la mañana y hasta las tres de la tarde y de las diez de la noche y a las dos de la mañana porque eran tres carros que tenía yo que hacer. Tenía yo que hacer arroz para tres carritos y ya era mucho arroz, mucho arroz.

Si en México lo están ocupando

Yo me quedé allí en casa de mi hermano, no lo podía dejar. Yo a mi papá le dije que tenía problemas con mi hermano porque él se enojaba porque todo el dinero lo mandaba para México y él no quería. Pues me pagaban quinientos y yo mandaba trescientos, y entonces con los doscientos que me quedaban eran para comprar ropa y comida. Pero mi hermano me decía, "Cuando pago la renta tú le dices a mamá que no le puedes mandar". Y digo, "¿Para qué lo quiero el dinero aquí si en México lo están ocupando?" Pero él ya tiene diez años estando aquí en Nueva York, por eso no le importa. Estoy orgulloso de llegar aquí y trabajar para mandar dinero a mis papás, es lo único de lo que estoy orgulloso porque les estoy ayudando.

Cuando cumplí diecinueve años

Para mi cumpleaños, pues este día fue la primera vez que tomé licor. Me hizo la fiesta mi hermano. Por primera vez me celebraban, eso era cuando cumplí diecinueve años. Allí estaba tomando él y me invitó y de ahí, ya no me recuerdo qué pasó. Estaban nada más los amigos de él y unos amigos que yo conocí en mi pueblo. Éramos tres. Siempre andábamos juntos. Uno se llamaba Abel y otro se llamaba Luís. Crecimos casi juntos. Salimos a la calle. Primero vino Abel y de ahí yo y finalmente Luís. Ellos están aquí. Como cinco veces yo los vi pero tuvimos esta pelea con mi hermano que a él no le gustan mis amigos. Y digo, "entonces a mí tampoco me gustan tus amigos, porque tus amigos toman mucho y a mí casi no me gusta tomar." Desde esa fecha de mi cumpleaños, no seguí tomando. Y yo sí salía con mis amigos pero él no le gustaba que saliera mucho.

Quisiera que estuviéramos juntos

Yo tengo dos niñas con una muchacha que conocí en mi pueblo, bueno, están en México. Una tiene tres años y una va a cumplir dos años. Las he visto en fotos y tengo ganas de conocerlas. La verdad no sé cómo vaya a ser el futuro. Quisiera que estuviéramos juntos, que después de pasar esto y lo que está pasando afuera, que estuviéramos juntos toda mi familia en México y yo ayudándolas a mis niñas porque ya van a ser muy grandes. Quiero que estudien, que ganen una carrera, pues yo las voy a empujar a que ganen una carrera, les voy a dar los estudios. Les voy a decir a mis niñas que se cuiden porque allá en México está feo porque hay muchos secuestros allá. Que no anden solas, que siempre se vayan con alguien, con una de sus tías, con su mamá o conmigo.

Mi papá me dijo que no me junte con malos amigos, que siempre haga yo caso a los mayores. Me sirvió en varias formas que no peleara. Yo me dejaba que me golpeaban pero la mayor parte yo no me dejaba porque sabía que me iban a pegar feo.

Admiro a mi mamá. Porque siempre nos ha sacado adelante, sea como sea. Estábamos pobres primero y ella lo hacía trabajando. Allá se venden mucho los petates, o sea las alfombras de palma que ella hace y las vende, mi papá también trabajaba en eso. Así nos sacaron adelante.

Pensar, pensando en mi familia. Yo tenía otros pensamientos antes, pensamientos que me trajeron aquí. Lo que me hicieron allá afuera, me quería desquitar. Pero me dijeron aquí que no puedo hacer eso porque me echarán más tiempo. Entonces yo no lo hice.

A los que estén en mi situación

A los que estén en mi situación les digo que no sigan en el camino que llevan. Que cambien y que el camino que llevan es el camino malo, que escojan, que agarren el bueno, el malo no le va a llevar a nada. Y que dejen las *gangas*, las pandillas porque eso sólo les trae problemas. Por eso yo quiero irme para México. Antes estaba con mi familia pero ya no los veo y los extraño, extraño a mi mamá, a mis niñas, una se llama Jenny, y otra se llama Ceci, Cecilia. Cuando salga, yo me voy para México a trabajar y cuidar a mi familia, a darles los estudios a mis niñas y cuidar a mis papás porque ahora ellos ya están viejos.

Enano

I Don't Fight, They Make me Fight

My name is Enano. I was born in Mexico, in Guerrero, in a town called Xochiuehuehtlan. It's very nice. There are animals, parks, trees. There are rabbits, cattle, everything. I lived there for six years in a house with my mom, my dad and four brothers and sisters. There are three men and three women. My sisters worked around the house, always helping out because they knew how to do house-things, they knew how to make food, mole, all that, beans, chicken broth, I don't remember what else. Out of the men, two are over here but they don't worry about my parents. One of them has been here since I was born. When I was one year old, he came here and I haven't seen him since. He's been here for 20 years. I am the youngest of the family, I'm 20. I just turned 20.

Since I was six, I've been helping my parents out. That's when an uncle of mine brought me to Cuernavaca. He brought me to live with him and I started working there, I wanted to work there. I was going to help my uncle because he planted jicama and I could do that. Over there, you start working at a young age, I wanted to work because my parents didn't have much. So, I harvested jicama, I didn't plant it, I harvested it, we pulled it out from under the ground and cleaned it off and once it was clean we took it out, put it in some crates and we carried it to wash it in the river and then sell it.

We were only happy at New Year's

Cuernavaca got ugly, that's why when I was 15, I went back to be with my parents and my grandparents. When I got back to my town I liked what I saw, I'd missed it. It was nice, really nice. So, we lived all together with my brothers and sisters but I didn't like it because my mother suffered on account of my brother who's over here. She suffers through a lot.

We were only happy at New Year's. We'd all get together, my dad spoke and everything. I don't remember what he spoke about, a lot of stuff. At Christmas too. The family gets together for Christmas, they make food, mole. At New Year's I would head for the street, because I like to go out.

Once they got me from Cuernavaca, I didn't go to school anymore. I kept working, making walls, I mean, cement blocks. That's what we do over there, make cement blocks, I made them at night and during the day I worked giving out the cement. In the afternoon, I worked on building my house. I liked it and didn't like it at the same time because it was hard work. But with that hard work, I was helping my parents because they didn't have money. And what with my brother being over here and not caring for them.

I built a house there with the work I did. I bought a piece of land, and the boss helped me, the man in charge of the cement, to build the house and I went on paying him little by little. The house is for my dad. I built it in three years. I paid 1500 pesos a week. And with the money I earned, half of it went to the boss and the other half went to my dad. That's what they did. I was 17 or 16. The land was nice. It had a machine to set up and we dove straight in, me, my dad and a cousin. It's a five-room house, with a bathroom and a kitchen. Also, because my parents are from the country and they like to plant things, well, when I was there my brother told my dad that he was going to buy him a sprinkler system but at the end, he didn't want it. So I worked more and I bought them the land and my dad is planting there now.

So that she wouldn't have to suffer anymore

Being with my mom gave me the crazy idea of coming here, to the United States. I made the decision to come for my mom, so that she wouldn't have to suffer anymore and also because they needed the money. I didn't like the situation, so at 18 I came here, I was supposed to find my brother, but I didn't find him. My mom told me that if I wanted to come here, my other brother had already come, that he would help me with the money. But when I got here, as soon as I started working, my brother told me that I had to pay him back. I don't know why he did that.

I just had to deal with being thirsty

The trip, ugh, well, we left on a Sunday. We left….there were 35 of us but not all of us from the same town, from different ones, and my cousin was the *coyote*. He helped me get across the border. The area where you can't get across, well, that's where we crossed. It took us six days walking, mountains, hills, rivers. Immigration chased through one part, I stuck to my cousin who was the *coyote* and he said when to stop, right there we would find each other. And we all separated, and I was hoping they wouldn't get any of us and, at the end, we all came out fine, all 35. Some went and hid wherever immigration wouldn't see us, we met up there and went another way. We got where we were going to take the plane here, I don't remember what it's called. We were traveling for two weeks, four days without drinking water or eating because there wasn't anything left. The river is dirty and you can't drink from it or you can get sick. I had to deal with being thirsty. Some people got sick. There was a pregnant woman, she went back to where we came through, a different *coyote* took her through by train. And later when we got there, she was already there and I'm like, Why? But she got through faster, in a car, because she was already four months pregnant.

In El Paso, Texas, the *coyotes* only bought us t-shirts and some cotton pants, telling us that it wasn't cold in New York. Getting to Kennedy, the ice was just starting to melt. I got to my house numb, like frozen because here it was the end of February and it was really cold.

The first day, I didn't like it

I got to Kennedy. And one lady from a different town helped me out because her husband had brought her. And my brother didn't know because my cousin went back, he just put me on the plane but he didn't board, I don't know why my cousin didn't come all the way here so I talk to my brother and I say, "I'm in this place here," and he came and brought me here to Manhattan. That's where he waited for me and the girl helped me get there with her husband's car. We found my brother and from there we went to the room in Queens in a six-story building. There were four people there, friends of his, I didn't know them. I liked my brother but at the same time, I was a little annoyed because he wasn't sending money to Mexico, I don't know what was up with him, according to him, he liked to go out dancing and spend a lot of money.

The first day in the United States, I didn't like it. The first week I didn't like it. The first, well, I didn't have money and my brother was getting mad because I wasn't working. I didn't like it here because you have to buy everything, rent, electricity, phone. And over in Mexico it's not like that, you don't pay for electricity, you can plant things, corn, vegetables, fruit, and you can get money off of that. And here it's not like that, here you have to work and work and work. The money here is worth more than it is in Mexico. But over in Mexico you can work or not, either way, you'll eat. That's why I like being in Mexico more than I like being here.

I used to cry because I wanted to go back, because I missed it, and I missed my mom and dad, my family. But my brother said, "Now that you're here, you can't go back." That helped. I found a job after three months of resting because…

I don't fight, they make me fight

I had to put up with my brother scolding me for how I wasn't looking for a job and I said, "I don't know how, you have to look for a job for me." And he didn't want to and so I went out. I went out to find one, there, near where we lived. And I found one in a restaurant, I worked on 71st and Jamaica Ave., washing dishes. It was all right but it was a lot of hours, it was 12 hours, I worked at night, from six at night until six in the morning. I lasted there for about seven months. After that I looked for another job and my cousin told me that he had work for me, working at a cart, and that's where I settled because they were paying me 500 dollars a week.

One experience I had while living here was the first time I got jumped in Jamaica Ave. They paid me for three weeks that day, and because they paid me 300 dollars, it was around a thousand and something. So there were three black guys waiting for me at the train, I hadn't seen them before, well, I'd seen one following me but I didn't pay attention. I got out at a stop in Queens at two in the morning because I was coming back from work and at that stop there weren't cameras or anything. I got off there and that was it, they took all the money and beat me up. I couldn't defend myself because they had guns. I defend myself, they shoot me, that's why I didn't fight with them.

I told my brother that they hadn't paid me and he never realized that I'd been jumped. I didn't want to tell him because I don't like people to get in my business, and he wouldn't let me go out at night anymore or work at night. He wasn't going to let me and that was the only job for me 'cause I didn't know how to do anything else. My cousin found out because I trust him more than I trust my brother. I told my cousin than I'd been jumped and he said, "No, you're not going to work there anymore." He took me to another job, to the carts. And there, more than once they tried to steal my bike, but I didn't let them. But I did get hit in the head, though, I was riding and some black guys stopped in front of me and when I felt it, one hit me with iron knuckles. I took off the chain and I hit him. Then I went to the hospital.

Over in Mexico there are kidnappings but there's that here too. Here there's more crime. Down there in Mexico, you can defend yourself, there you know them and here you don't, here they go someplace else and you never see them again. And there it's not like that, there you see them again and there's a different problem. If you beat up someone with five, six friends and later they find you alone, they get revenge. Here it's not like that, here they get you again no matter what. I don't fight, they make me fight. When I get out of here, I'm going to ignore them, I'm going to reject them.

You can't live here without English
I liked the carts more because learned a lot of things there. I learned how to cook, to cook rice, cook meat, to make salads and sell food in Manhattan. The cart was at the avenue where the Manhattan Bridge and the Queens Bridge intersect, on that first avenue but I don't remember what it's called, but that's where

the cart was. And I worked there with another Latino guy and we worked there making the food. He spoke English and he'd tell me what to do in Spanish. They ordered in English to him, and he'd tell me what I had to serve in Spanish. The owner spoke a little Spanish and understood a lot. Now I understand English but I can't speak it because there are words that are practically the same and I turn them back into Spanish. And so that's why I barely speak English, and you can't live here that way, and I didn't have any time to go to school on the outside because I was always working.

We worked in the morning and then again in the evening. I worked from five in the morning until three in the afternoon and from ten at night until two in the morning because there were three carts to cook for. I had to make rice for three carts, that's a lot of rice.

If they're using it Mexico

I stayed there at my brother's house, I couldn't leave him. I told my dad that I was having problems with my brother because he got mad because I'd send all my money to Mexico and he didn't want me to. They paid me 500 and I sent 300 and so I had 200 left over to buy food and clothes. But my brother would say, "When the rent's due, tell Mom that you can't send her anything." And I'd say, "What do I want the money here for if they're using it in Mexico?" But he's already been here in New York for ten years, that's why he doesn't care. I am proud of getting here and working to send money to my parents, it's the only thing I'm proud of because I'm helping them.

When I turned 19

My birthday was the first time I tried liquor. My brother threw a party for me. For the first time, they celebrated it, this was when I turned 19. There he was drinking and he offered me some and I don't remember anything after that. They were all his friends and a few friends that I met in my hometown. There were three of us. We'd go everywhere together. One's name is Abel and the other is Luis. We practically grew up together. We'd hang out together in the street. Abel came here first and then me and finally Luis. They're here. I've seen them like five times, but we fought with my brother because he doesn't like my friends. And, I mean, I said, "Well, I don't like your friends, either, because they drink a lot and I barely like drinking at all." After my birthday, I didn't keep drinking. And I'd go out with my friends and he didn't like me going out much.

I hope we're all together

I have two daughters with a girl I knew in my hometown, you know, in Mexico. One's three years old and one's going to be two. I've seen pictures of them and I really want to meet them. The truth is, I don't know what the future is going to be like. I hope we're all together, after getting through this, and through what's going on on the outside, I want my whole family to be together in Mexico, me helping my girls because they're going to be big soon. I want them to go to school, to have a career, I'm going to push them to have a career, I'm going to make them go to school. I'm going to tell my girls to take care of themselves because over there in Mexico, it's pretty ugly with all the kidnapping there. I don't want them going out alone, they should always go with someone, one of their aunts, with their mom, or with me.

My dad told me not to hang out with bad friends, that I should always listen to my elders. Not fighting helped me in a couple of ways. I let them beat me up but most of the time I wouldn't let them because I knew they would hurt me bad.

I admire my mom. Because she's always kept us going, however she can. We were poor and she got us through just by working hard. Over there they sell a lot of *petates*, the mats made from palm fronds, she makes them and sells them, my father does that too. That's how they kept us going.

Thinking, thinking about my family. I used to have different thoughts, thoughts that got me here. I wanted to get revenge for what they did to me on the outside. But here they told me that I can't because I'll get more time. So I didn't do it.

To those in my situation

To those in my situation, I'd tell them not to keep on the path they're following. That they should change and that the path they're on is the wrong one, they should choose, they should pick the right one, the wrong one won't get them anywhere. And that they should leave their gangs, because they'll only bring them trouble. That's why I want to go back to Mexico. Before I was with my family, but now I don't get to see them and I miss them, I miss my mom, my girls, one's name is Jenny, the other is Ceci, Cecilia. When I get out, I'm going to Mexico to take care of my family, to raise my girls and take care of my parents because they're getting old now.

Popotes
Aguas con el Caballo

Me llamo Popotes. Nací en Puebla, en México. Mi papá se llama Mario y mi mamá se llama Teresa. Yo soy el hermano mayor de los hermanos. Después de mí siguen cuatro hermanos. Después de mí, sigue Jordi que tiene diecisiete años, Omar que tiene quince años, Brenda de doce y el último es Andy que tiene seis años.

Él ha sido un machista
Tuve una infancia feliz cuando estaba pequeño pero cuando fue creciendo la familia, ahí empezaron los problemas en la casa. De niño el tiempo lo compartía con mi mamá; mi mamá me sacaba a divertir, me llevaba al circo, me sacaba a pasear. Mi papá estuvo aquí, en los Estados Unidos y mi mamá sufría mucho por esto, lo extrañaba mucho y tiempo después supo que él tenía otra mujer. Mi papá estuvo con ella tres años, después fue a México, supuestamente a arreglar

los problemas porque a mi mamá la habían involucrado en un problema que no era cierto. Mi papá en lugar de llegar apenado con lo que había hecho, porque él sí había hecho algo malo, llegó haciendo problema por las mentiras que le dijeron de mi mamá. Desde ahí comenzaron los problemas.

Yo veía como mi papá le pegaba a mi mamá. Después un poco se calmaron las cosas pues se supo que ella no tuvo nada que ver con aquel problema pero igual peleaban porque a mi papá le gusta tomar mucho y después sacar los problemas del pasado y, le digo, no le gusta que le digan nada de lo que tiene que hacer y si le dan un consejo lo toma en cuenta pero después lo olvida.

Después de un tiempo, mi papá nuevamente regresó para los Estados Unidos, pero ya para entonces mi mamá tenía a Jordi y a Omar. Cuando mi papá ha estado aquí, él ha sido un machista. No dejaba que mi mamá trabajara, sólo que viviera de lo que él le mandaba, pero él mandaba muy poco siendo que ganaba bien. Mi mamá y yo siempre hemos tenido buena comunicación y yo le decía que si quería trabajar, que no había problema, pues yo ya podía cuidar a mis hermanos, igual ya tenía doce años.

Aguas con el caballo

Mi mamá se preocupaba porque fuéramos a la escuela. Recuerdo una vez cuando iba al Kinder, que en el camino venía yo con otros amiguitos. Nosotros nos adelantamos en el camino y ahí tuve un accidente. Yo sólo escuché que mi mamá me decía, "Quítense, aguas con el caballo" y fue cuando entonces volteé pero ya tenía yo encima a un caballo que me pateó en la cabeza y me desmayé. De ahí no supe hasta que ya estaba en un hospital internado en Puebla, en este hospital estuve por una semana y de ahí salí y terminé el kinder. Después cursé la primaria; mi papá regresó de nuevo a México cuando yo iba en segundo grado, pero cuando yo ya estaba en cuarto grado, él regresó de nuevo a los Estados Unidos. La verdad no recuerdo cuántas veces ha estado mi papá lejos de nosotros.

Todo era como un soborno

En la escuela me iba bien. Cuando pasé a la secundaria, mi papá se regresó a México, llegó con regalos para mí y mis hermanos y para mi mamá, prendas de ropa. Nosotros nos sentíamos bien cuando él llegaba pero todo era como un soborno, pues, después de varios meses, él volvía a pegarle a mi mamá. Eso fue cuando salí del primer grado de secundaria.

Comenzaron otra vez los problemas por lo mismo, la maldita bebida. Cuando entré a segundo, me descarrilé, me volví rebelde contra todo. Recuerdo que cuando mi papá le estaba pegando a mi mamá, yo le dije que ya no le pegara y bueno, lo empujé a mi papá, y mi mamá me dijo que no hiciera eso, que él era mi papá y bueno, me molesté con que lo estuviera defendiendo y esa vez le contesté, "entonces mátense." Mis hermanos estaban pequeños y se daban cuenta, por eso me daba coraje, porque estaban chiquitos y no quería que ellos vieran lo mismo que yo.

Ahí babeando

En segundo comenzó todo. Fue la primera vez que probé alcohol, me fui de pinta, me salí de la escuela y me fui con mis amigos. A mi mamá por lo regular, cuando entré a segundo, la mandaban a llamar tres o cuatro veces a la semana. Me desequilibré mucho, no ponía atención en la clase, le pegábamos a los carros de los maestros también. En la escuela seguíamos tomando alcohol pero no mucho porque sabía que si llegaba borracho, me iba a pegar mi mamá. Pero, una vez que llegué a mi casa y no había nadie, entonces fui a buscar a mi mamá a la casa de mi abuelita. Estaban mi mamá, mi papá y mis tíos, todos estaban tomando, porque mi mamá también tomaba con mi papá, yo los vi borrachos muchas veces. Ese día no había nadie en mi casa, nadie, nadie. Me llamaron unos amigos y me fui con ellos a un terreno y me puse a tomar hasta que no supe de mí, sino que ya hasta el otro día cuando desperté y mi mamá me estaba pegando y me decía que porqué lo había hecho, que aún no era mayor para tomar. Dicen que yo estaba ahí babeando, como si me hubieran envenenado. No supe nada de mí, no me acuerdo nada de eso.

De esa experiencia me siento mal, con tristeza y vergüenza. Ese día mi mamá lloró y se enojó mucho conmigo. Eso era lo que me daba mucha tristeza. Mas tarde mi mamá fue a jurar que no volvía a tomar por dos años pero cuando ya iba a cumplir su tiempo, tuvimos un accidente, mi hermano Jordi y yo nos caímos de la bicicleta y quedamos como tamales, todos hinchados. Y mi mamá se espantó pero como es malo tomar agua, pues se tomó una cerveza pero yo la comprendo y la quiero mucho.

Problemas, puros problemas

Terminé segundo grado. En tercero hubo igual, problemas, puros problemas. Yo ya tenía a mi hermano

Jordi en la secundaria y se puso rebelde, más que yo, peor, peor. Nos peleábamos porque mi hermano se siente superior a los demás, además él era barbero con mi mamá para que en alguna discusión entre él y yo, le creyeran más a él. Pero yo siempre he estado con mi mamá, siempre, siempre. La he apoyado y ella a mí. Jordi, él es rebelde y no le importa a quien tenga que dañar con tal de conseguir lo que quiere. Con Jordi era el problema. Con Omar no, él es tranquilo, es callado, nunca salía a fiesta, prefería estar en la casa, es hogareño.

Bueno, también todos empezamos a tener problemas por la plata. Mi papá estaba en México, trabajando en hojalatería y pintura y nos mantenía con su sueldo, pero yo me daba cuenta que éramos muchos, y aunque él nunca nos ha dejado sin comer, ya éramos siete y yo sentía la necesidad de ayudar a mi papá y a mi mamá. Eso sí, mi papá jamás nos ha dejado sin comer, y también así con sus defectos, yo lo admiro mucho y no sólo porque él me procreó, sino porque él es muy trabajador, si no tiene trabajo en un lugar, trabaja en otra cosa, de lo que sea, albañil, taquero, en el campo, etc. A mi papá le queda el apodo de "Mil usos".

Como ya te dije, yo veía que vivíamos estrechos. El terreno de nosotros se lo dio mi abuelita a mi papá y él construyó la casa cuando éramos pequeños. En un cuarto dormíamos los tres hombres; en otra recamara dormían mis papás y mi hermanita que todavía estaba pequeña. Además, como yo ya estaba en tercero de secundaria, pues luego yo llegaba a la escuela y había una quermés, una fiesta. Ahí iba uno de cualquier ropa, no con el uniforme y yo no tenía ropa, no tenía ropa. No me atrevía a pedirle a mi mamá, "mami cómprame ropa." No, no, no pedía. Mejor tomaba la ropa que ya no le quedaba a mi papá y me la ponía yo. Todo eso se daba cuenta mi mamá y a veces se ponía a llorar conmigo, que la disculpara, que no tenía para comprarme.

Terminé la secundaria y ya no quise estudiar más. También por necesidad mía, porque iba yo a la escuela y mi papá me daba lo necesario para la comida y ya. Si había una golosina o algo, saliendo de la escuela se me antojaba algo, no podía porque yo no tenía dinero pero yo comprendía a mi papá porque éramos muchos. Por eso me dediqué a trabajar para tener lo mío y para ayudar a mi mamá.

Una gotita de Dedo de Dios
Empecé a trabajar ayudándole a mi abuelita a sacar la hierba de la milpa. Nunca había trabajado así, en el campo. Luego me cortaba y no, no. Luego siempre le decía a mi mamá que el último trabajo quisiera sería en el campo, era terrible; no, no me gustaba y luego me quedaba dormido y cuando sentía, mi abuelita me daba un golpe con una bolita de tierra. Me acuerdo que le hice la barba a mi abuelita…la barba, o sea, para quedar bien con mi abuelita, le hago un favor pero así, sin que me diga. Entonces yo le limpié toda su casa, todo, todo que era un reguero se lo dejé bien limpiecito. Y cuando llegó, pues me dio un paletón de a peso, me dio sólo un paletón y no, yo me decepcioné y a la vez me dio mucha risa.

Igual seguí trabajando en el campo con un señor que tenía un cultivo de rosas. Me fui a trabajar y por ahí me pasó algo bien macabro. Estaba yo injertando rosas, y en eso pasó que debajo de una de esas matas, en un arbusto, me encontré una serpiente y pues salí corriendo, corriendo del campo de rosa. Me asusté muchísimo, mucho, mucho. Volví a donde mi patrón y le dije que me pagara y ya no más, por la serpiente me fui y ya jamás volví.

Después que me salí de la rosa, me fui a una herrería y en la herrería, lo mismo. Fui, según a soldar, fui a ver cómo soldaban y simplemente yo no más vi una chispita y me alejé. Ese era el último día que trabajaba porque los demás días me la pasaba yo cortando fierritos; ese día vi cómo estaban soldando dizque para aprender pero ya no volví al siguiente día porque los ojos los tenía hinchados, pues se me inflamaron los ojos. Mi mamá, como allá nos curamos con remedios caseros, mi mamá me puso rebanadas de papa en los ojos y tardé así un día y sí, se me quitó. También mi mamá me echó una gotita de Dedo de Dios, el juguito de esa plantita que es curativa y así se me quitó. Ése fue el trabajo más corto que he tenido, duré sólo una semana.

De ahí me fui con mi papá a su trabajo, a la hojalatería, pero me sentía incomodo, porque no me gustaba. Con el solo hecho de tener cerca a mi papá y que me fuera a regañar. No, no me sentía cómodo, duré como un mes pero no funcionó y me salí.

Después me fui a trabajar en un taller de mecánico y otra vez problemas. Se me fue a meter ahí mi hermano, llegó el Jordi y se puso a jugar con esa piedrita blanca que utilizan las bujías de los carros, esas piedritas las utilizan para robar. Yo le dije que con eso se rompían los cristales de los carros y mi hermano dijo, "Ah no, no te creo." Y yo le dije, "Sí, no lo vayas a botar." Había muchos carros y le dije, "No la vayas a botar." Y la agarró y la aventó a un carro que estaba ahí y le rompió el vidrio. Pues salió el dueño y nos dijo que qué habíamos hecho y nos cobró el vidrio, el vidrio que valía más de dos mil pesos.

A los dos nos tocó pagarlo, estuvimos trabajando casi por un mes gratis. Lo pagamos. El Jordi, nada, sólo se reía. De ahí le dije que se fuera. Lo sacaron y yo pensé que a mí no. Me presenté al otro día a trabajar y me dicen, "No, tu también estás despedido,"

"Pero si ha sido mi hermano" le dije,

"No, los dos." Pues ya, me fui a mi casa.

Estuve como una semana sin trabajo. Le ayudaba yo a mi mamá en la casa a hacer el quehacer, a tender las camas, barrer, trapear, etc. Luego le ayudaba yo a mi mamá a cocinar o lavar la ropa. Ella me enseñó todo esto. Nos decía, "aprendan a lavar la ropa, o a hacerse siquiera un huevo, a planchar, así si algún día ustedes son solteros, viven solos, se lo pueden hacer, no sean dependientes de una mujer para que les haga las cosas." Pues sí, tiene razón.

De ahí me metí a una carpintería, empecé como lijador de muebles y de ahí me subieron a otros puestos. Me fue bien y me llevaron a la mera carpintería, donde hacen muebles y todo. Me gustó ese trabajo donde la madera llegaba en troncos cuadrados, aprendí a cortar en la sierra, a sacar medidas y a hacer los muebles. Aprendí todo eso con un primo mío que se llama Ricardo, después él se salió porque se venía a Estados Unidos. Estuve con él trabajando durante tres meses y después trabajé con otro maestro.

Con la plata que ganaba, pues le ayudaba a mi

mamá. Le daba la mitad, la mitad para ella y la mitad para mí. Claro que a veces mi mamá decía que me hacía falta ropa, que hoy no le diera. Entonces yo iba y me lo gastaba en ropa. No me gustaba vestirme igual que los demás, quería verme bien, con ropa de marca. Luego yo la conseguía en *boutiques* y luego tenía yo que ahorrar varias semanas para poder comprar, claro que me salía caro, para esto tenía que juntar cerca de dos mil pesos, pero valía el sacrificio.

Más que amor

Después me surgió la idea de venirme a los Estados Unidos. Vine animado a ayudar a mi familia pero también por mí, porque yo tengo una novia que se llama Wendy y eso también me puso a pensar en mi futuro, porque quisiera formar algo con ella, pero para eso necesitaría más que amor, dinero. Tenía casi dieciséis años viviendo con mi mamá pero decidí ya venirme para los Estados Unidos, me dolió mucho pero sabía que para conseguir mis sueños tenía que pasar por eso.

Esa venida para los Estados Unidos fue un poco dura. Mi mamá me apoyó y mi papá también. Mi papá contactó a los polleros, le dijeron que sí, que no había problema, que había cupo. Nos dijo que nos iba a cobrar dos mil dólares. Le dijimos que sí y nos dio una fecha para salir. Para pagar, unos familiares que yo tengo aquí nos prestaron el dinero.

Me vine en abril del 2003. Salimos en una camioneta, de ahí de Atlixco a la ciudad de México. Desde el aeropuerto de México tomamos un avión hasta ciudad Juárez. En el avión dan nervios, se te estira la panza, da miedo, mucho miedo. Luego, en el trayecto del vuelo, hubo turbulencia, peor, yo veía en las películas que siempre que había turbulencia, se caía el avión. Por eso yo sólo me arrodillaba y pedía que no se fuera a caer el avión. Se sienten muchos nervios.

Llegamos a ciudad Juárez y ya estaban unas camionetas esperándonos para transportarnos. Nos llevaron a un hotel y de ahí estuvimos una semana. Éramos dieciocho, venía mi primo. Oh, mi primo Ricardo, el que ya se había venido, no pudo pasar la primera vez y entonces se regresaron y por eso fue la oportunidad de yo venir. Por eso es que me vine y sí, veníamos mi primo Ricardo, Eleazar y su esposa Rocío, ah, también un primo que se llama Emilio. Y, ya, la mayoría eran casi todos de Puebla. A todos nos sacaron de ahí del hotel en taxis hacía la frontera, ya para cruzar.

Al otro lado

La frontera es como desierto, terrenos baldíos. Cruzamos y el pollero nos dijo que el trayecto iba a durar dos días a lo mucho, y pasaron esos días y no podíamos pasar. La comida ya se nos comenzó a acabar, el agua. Dos latas de atún, cuatro manzanas y un paquete de tortillas de harina, ah y un galón de agua, eso era todo lo que nos daban y ya se nos empezó a acabar. Para dormir era duro, bueno, donde cayera pero ellos preferían a donde estuviera como un barranco o una zanja. Ahí todos metidos como conejos, hacía mucho frío, bueno, el día es muy, muy caliente y la noche muy, muy fría.

Me recuerdo una anécdota especial. Cuando íbamos a cruzar un puente donde pasan las patrullas fronterizas, el pollero nos dijo que alguien que estuviera flaquito fuera. Y, digo, todos me miran a mí y dice "mira, te vas a poner la sudadera en la cabeza y toma esta varita."

Le digo, "¿Y para qué?".

Dice, "Métete y ve dando vueltas con el palito."

"¿Pero para qué?", y ya que estaba en el túnel,

me dice, "Por si hay serpientes, para que las espantes." Y ya, pues todo asustado, pues lo tuve que hacer. Ya estaba yo adentro y cuando ya iba a mitad de túnel, escuché que dijeron, "Ahí viene la migra," todos corrieron y yo pasé del otro lado y me escondí en unos arbustos.

Ya estaba en los Estados Unidos. Cuando pasé, me acuerdo que pasaron otras dos personas conmigo. Nos escondimos y tardamos como una hora esperando a que los demás pasaran. Nuestra dirección era un rancho, que ahí íbamos a llegar y nos iban a recoger unas camionetas. Cuando llegamos a un pueblo aquí en Arizona, nos metimos en una casa abandonada. Llegamos en la madrugada y estaba oscuro; de pronto nos asustaron dos tipos que salieron así, de la nada, de ahí, del sótano. Ya se escuchaba que se estaban muriendo porque nos dijeron que llevaban ahí tres días sin agua y sin comida y que porque las camionetas no los habían ido a recoger. Pues nos espantamos porque sí, ya se escuchaban como locos, les dimos agua, comida y nos metimos a dormir.

Al otro día en la mañana yo escuché que nos estaban gritando en inglés que nos saliéramos de allí. Era una policía de migración. Yo desperté a mi primo Ricardo y le dije que mirara. Cuando nos asomamos, esta mujer tomó un pedazo de tabla y nos lo arrojó. Que nos saliéramos. No nos pegó, sólo nos lo arrojó para que nos saliéramos. Nos salimos. Era la policía, migración. Después nos tomaron huellas, de todo. Nos subieron a las camionetas y ya, nos llevaron de vuelta a Juárez y nos botaron.

De ahí otra vez regresamos, intentamos otra vez. Igual llegando en ese mismo pueblo, igual nos volvieron a agarrar, pero ahora fue en una iglesia. Recuerdo que llegamos ahí, al pueblo y vimos que andaba una policía, nos fuimos a esconder alrededor de una iglesia que habían árboles pero, de pronto yo vi que en la iglesia prendieron todas las luces. Llegó la policía y nos agarró. Otra vez para afuera, igual nos regresó, nos montaron en un autobús de regreso y se burlaban de nosotros. Yo, el que me agarró fue un alto, un gordo, un güero. Nos dijo, "no se preocupen, aquí los estaremos esperando." Como había sido el mismo policía, pues ya nos reconocía.

Nos regresamos por tercera vez pero nos fuimos por otra ruta y llegamos a un rancho. Igual en todo el trayecto nos siguieron dando la misma comida, lo mismo todo el tiempo. Llegamos y en el rancho nos recogió una camioneta, una pequeña. Llegó. ellos no más dicen: "el que se quedó, se quedó." Era la madrugada y cuando de pronto se paró una camionetita y grita: "ahora." Todos corrieron, nos metimos todos como pudimos, parecíamos sardinas, todos encimados y de ahí nos pusieron encima unas hojas de cherack y una carretilla. Todo cubriéndonos. Y en todo el trayecto se siente miedo, uno no sabe, no ve lo que afuera está sucediendo.

El viaje duró seis horas, ya sentíamos que nos asfixiábamos, unos acostados encima de los otros haciendo filas, así quietos seis horas. Ya llegando a la entrada de Las Vegas, a un *Mc Donalds*, de ahí nos cambiaron de carro y nos metieron ya a un carro lujoso, nos metieron y nos llevaron a un hotel. Llegando a ese hotel había como otras dieciocho personas—aparte de nosotros- en el mismo cuarto de ese hotel.

Nos dijeron que nos arregláramos. Tomamos un baño y el pollero nos dijo, "Hay un problema, su ropa está como muy fea."

Le decimos, "¿Entonces ahora qué?"

"Ahorita vengo, esa ropa la vamos a tirar, yo ahorita les voy a comprar ropa."

Cuando dijo ahorita les voy a comprar ropa, yo me imaginé algo bueno pero cuando llegó el tipo con una bolsa negra, grande y que hasta tenía el precio, diez dólares por todo, la abrió y dice, "Agarren lo que puedan, lo que les quede," yo me desilusioné. Había playeras y pantalones de casi dos o tres tallas más grandes, de hecho a un amigo le tocó pero terrible, el pantalón todo apretado pero de las pompas se veía grande, parecía como un payaso. Luego aparte, las playeras de un color muy llamativo, naranja fosforescente, rosa, verde limón. No, horrible, nos veíamos peor. Luego estuviéramos altos, pero bueno, ¿qué nos quedaba? Nos vestimos y ya, al otro día salimos hacia el aeropuerto de Las Vegas, nos llevaron en camioneta y allí ya nos dejaron.

Negritos, quemados del sol
En el aeropuerto dijo el pollero que chequeáramos el boleto. Llegamos y ya, nos pidió el boleto y entramos al avión. Después, no sé, pasó algo y nos sacaron a todos los pasajeros, todos, todos. Pues nos quedamos así, intranquilos porque ahí ya no va el pollero, sólo

nosotros. Por suerte mi primo ya había estado aquí y él supo entender. Bueno, ya tomamos el avión ahora sí y llegamos a un aeropuerto de otro Estado. Bajamos del avión y ahí todo el mundo se nos quedó mirando porque veníamos negritos, quemados del sol y para acabarla de amolar, con ropa de colores. El pollero nos dijo que el cambio de ropas era para que nos viéramos mejor pero no, más bien llamábamos más la atención.

Acá me esperaban otros primos, en Queens. Mi primo Eleazar habló con mis otros primos aquí en Queens. El pollero me llevó a la casa de estos primos, ellos le pagaron y ahí yo ya me quedé.

Vivir en los Estados Unidos, de recién llegado si me gustó mucho, ya después a la semana comencé a trabajar en construcción pero sólo duré un mes. De ahí me salí y comencé a trabajar en un restaurante y ya, de ahí, comencé como lava platos y después a cocinar y me gustó mucho ese trabajo. En esa época me puse muy rebelde, tuve problemas con mi primo Ismael porque no me gustaba que me dijeran nada, no me gustaba. Pero ahora, pues ya cambié, pues mi primo tenía razón, ahora veo que mi primo tenía razón.

Con este trabajo ya yo ayudaba a mi mamá, le mandaba dinero. Aquí como que no me daba por comprarme ropa no más. Pues mis hermanos continúan estudiando, bueno, el Jordi no, él trabaja allá en México. Omar sí sigue estudiando, Brenda también y el Andy va en el Kinder. Mi papá está en México pero él ya no volvió a pegarle a mi mamá, además mi mamá no volvió a tomar y él sí, pero ya no mucho. Por eso yo prefería mandar para hacer algo, desde aquí yo les daba apoyo a mis hermanos, que siguieran estudiando, que si necesitaban algo, que pidieran. Porque yo sabía lo que había pasado conmigo, que yo no pedía. Si necesitaban algo que se lo pidieran a mi mamá y yo se los enviaba, no había ningún problema.

Admiro su valentía, que no se rinde
Yo quiero mucho a mi mamá, admiro su valentía, que no se rinde. Por eso es que me gusta mucho hablar de ella. Por lo regular mi mamá siempre nos ha dado por nuestro lado. Por ejemplo, ella cuando tenía dinero para comprarse cosas, no se compraba nada, prefería gastarlo en nosotros. Ella tenía zapatos que le duraban dos, tres años, no se compraba, prefería mejor gastárselo en nosotros y no en ella. Mi mamá es lo mejor que me ha pasado en la vida y sin ella no hubiera conocido el significado de lo que es una verdadera madre. La amo mucho.

A mi mamá le cuento todo lo que yo he hecho, y siempre me ha apoyado. Ella era la que me acolitaba todo, todo, todo, me ocultaba todo, me defendía. A ella le contaba todas mis cosas personales y ella me daba un consejo, cosa que con mi papá nunca, tal vez porque él no me acostumbró así. Mi mamá siempre ha sido abierta de mente, puede hablar de cualquier tema, cualquier tema, incluso una vez nos sentó y nos comenzó a hablar de enfermedades de transmisión sexual. Cosa que mi papá no, escucha eso y como que no, no, se siente raro.

Lo que tengo en mente
Espero hacer lo que tengo en mente, una casa. Tengo algún dinerito en México y espero que cuando junte un poco más de dinero podré realizarlo. Yo creo que me van a deportar pero yo vuelvo y me meto, es la

única manera, no quiero que el sueño quede truncado. La casa y un poco de dinero y otra vez, ¡un mundo de aventuras!

Tengo una familia que me apoya, que no me deja sólo. Mi primo con el que me porté rebelde, me apoya mucho al igual que mis demás primos con los que vivo ahorita y también con los que me vine. Al primo con el que me porté rebelde yo no lo conocía, aquí yo lo vine a conocer y yo sé que me porté mal con él y quiero rectificar eso. Si me decía cosas, ahora entiendo que lo decía por mi bien y no, no me lo decía en mala honda. Ahora es él quien me está apoyando.

En México con mi novia Wendy también tengo una ilusión. Ella me está esperando pero ahora, no sé qué vaya a pasar con esto. Si me dan tiempo, pues perdería uno de mis sueños más importantes, a ella, pero tengo que tener en mente que no me gustaría que esté conmigo sólo por compasión, no me gustaría. Ella tiene derecho a ser feliz, aunque me duela aceptarlo.

Más sabe el diablo por viejo

La vida en los Estados Unidos me ha dejado algo bueno, el ser más independiente, seguir el ejemplo de mi mamá, no depender de otra persona, por mi mismo, todo por mi mismo. De malo, aquí por primera vez vine a probar la cocaína, alguien me ofreció y la probé pero después me sentí mal. Y no, ya jamás volví a tocar eso, me arrepiento de eso y no se lo recomiendo a nadie.

Si pudiera conversar con los muchachos que quieren venir a los Estados Unidos les diría que escuchen los consejos de las personas que los quieren. Hay que escuchar y más si son mayores que uno. Es que ... no sé, ahora los jóvenes piensan que son superiores a los demás, a los mayores. Su pensamiento es, "¿Para qué voy a escuchar a ese viejito?" y no, por algo dice el dicho "Más sabe el diablo por viejo que por diablo" y es cierto, por eso yo estoy aquí, por no escuchar consejos.

Sólo les puedo decir a los que están leyendo este libro que jamás dejen de luchar por lo que desean y que le echen ganas y salgan adelante pero sin olvidarse de las personas que los quieren que en primera persona sería su Madre ya que sin ella no serían lo que ahora son. Díganle cuánto la quieren porque el día que no la tengan se van a lamentar y tal vez recordarán esto que les digo en este relato.

Popotes

Aguas con el Caballo

My name is Popotes. I was born in Puebla, in Mexico. My father's name is Mario and my mother's name is Teresa. I am the oldest of my brothers. After me, I have four brothers. After me there's Jordi who's 17, Omar's 15, Brenda's 12 and last there's Andy, who's 6.

He was a male chauvinist

I had a happy childhood when I was little but as the family started growing, that's when the problems started at home. When I was a boy, I spent my time with my mom. My mom took me out to have fun, she took me to the circus, she took me for walks. My dad was here, in the United States, and my mom suffered because of that, she missed him a lot and later she found out that he had another woman on the side. My dad was with her for three years, then he went to Mexico, supposedly to fix things with my mom because she been tangled up in some trouble that wasn't even true. Instead of arriving in pain over what he'd done, because he really had done something wrong, my dad got there causing problems because of the lies they'd spread about my mom. That's when the problems started.

I saw how my dad would hit my mom. After a while, things calmed down because he realized that she didn't have anything to do with that problem but they kept fighting because my dad likes to drink a lot and then bring up problems from the past. I'm telling you, he doesn't like to be told what to do, if you give him a piece of advice, he'll take it but then he'll forget about it.

After a while, my dad came back to the United States, but by then my mom already had Jordi and Omar. When my dad was here, he was a male chauvinist. He didn't let my mom work, she just had to live off what he sent and he sent very little, considering that he made a good living. My mom and I have always communicated well, and I told her that if she wanted to work, it wasn't a problem, I could take care of my brothers, I was already 12 years old.

Aguas con el caballo

My mom used to worry when we'd go to school. I remember once when I was in Kindergarten and I was coming down the street with some little friends of mine. We came further down the road and that's when the accident happened. I only heard my mother telling me, "Get out of the way. *Aguas con el caballo!*" Then I turned around but the horse was already practically on top of me and he kicked me in the head and I fainted. I was out until I was already in the hospital, in Puebla, I was in this hospital for one week and then I got out and finished kindergarten. Then I went on to elementary school; my dad came back to Mexico again when I was in second grade but when I was in 4th he returned to the United States. The truth is I don't remember how many times my dad's been away from us.

It was all just a bribe

School was going well. When I went up to high school, my dad came back to Mexico, he arrived with gifts for me and my brothers and for my mom, some clothing. We were doing well, feeling good when he first arrived, but it was all just a bribe, after a few months, he would go back to hitting my mom. That's when I was ending my first year of high school.

The problems started again the same way, the damn bottle. When I went into my second year, that's when I got off track, I rebelled against everything. I remember when my father was hitting my mother, I told him not to hit her anymore and, well, I pushed my dad and my mom told me not to do that, that he was my father, and well, it bothered me that she was defending him and so that time I told her, "So kill each other." My brothers were little and they knew what was going on, that's why it made me angry, because they were little and I didn't want them to see what I'd seen.

There drooling

Everything started in 10th grade. I tried alcohol for the first time, I drank pints, I left school and went with my friends. Once I was in 10th grade, they called my mom three or four times a week. I was off-balance a lot, I didn't pay much attention in class, we'd throw things at the teachers' cars. In school, we were still drinking but not much because I knew that if I showed up drunk, my mom would hit me. But once I got home and nobody was there, I went to look for my mom at my grandma's house. There they were, my mom, my dad, my uncles, everyone drinking, because my mom also drank with my dad, I saw them drunk a lot. That day there wasn't anybody home, anybody at all. My friends called me and I went with them out to an empty plot of land and I drank until I didn't know my own name, so the next day when I woke up, my mom was hitting me and saying why had I done it, I wasn't even old enough to drink yet. They say that I was just there drooling, like I'd been poisoned. I was still blacked out, I don't remember any of that.

That experience makes me feel bad, sad, and ashamed. That day my mom cried and got very angry with me. That's what made me so sad. Later, my mom swore she wouldn't drink again for two years and when it was almost two years, we had an accident, my brother Jordi and I fell off our bike and ended up like tamales, all swollen. My mom got scared but it's bad to drink water like that, so she had a beer, but I understand and I love her very much.

Problems, problems pure and simple

I finished 10th grade. In 11th it was the same, problems, problems pure and simple. I had my brother Jordi there in the high school with me and he started to rebel, more than me, worse, much worse. We used to fight because my brother thinks he's superior to everyone else, and he was tricking my mom so that in any disagreement between us, they'd believe him more. But I'd always been there for my mom, always, always. I've leaned on her, and she's leaned on me. Jordi, he's rebellious and he doesn't care who he has to hurt to get what he wants. There was trouble with Jordi. Not with Omar, he's more calm, quiet, he never parties, he prefers to stay at home, he's a homebody.

Well, everyone started having money troubles too. My dad was in Mexico working in a paint and body shop and he supported us with his salary, but I realized that there were a lot of us, and that even though he'd never let us go hungry, there were seven of us and I felt the need to the help my mom and my dad. True, my dad never let us go hungry, and so even with his flaws, I admire him a lot because he didn't just conceive me, he's hard–working, if he doesn't have a job somewhere, he finds something else to do, whatever it is, bricklayer, taco–maker, field-worker, etc. My father's nickname should be "Thousand usages."

Like I said, I saw that things were tight. My grandmother gave my dad some land when we were little and he built a house there. The three guys slept in one room: in another room my parents and my sister who was still little. And, because I was already in 11th grade, I'd go to school and there'd be a *quermes*, a party, there weren't uniforms or anything, you just wore whatever, and I didn't have clothes. I didn't have any clothes. I couldn't bring myself to ask my mother, "Mommy, buy me clothes." No, I didn't ask. Instead, I took the clothes that didn't fit my dad anymore and wore that. My mom realized what was going on and sometimes she'd cry with me, asking me to forgive her, she just didn't have any way to buy it for me.

I finished up 11th grade and I didn't want to be in school anymore. I also did it out of necessity, because if I was in school my dad would give me just enough to eat and nothing else. If there was a candy or something I felt like getting, I couldn't because I didn't have money but I understood my dad, because there were a lot of us. That's why I decided to work to be able get my own things, and to help my mom.

A Drop of *Dedo de Dios*

I started to work helping my grandma pulling the herbs up from the field. I'd never done work like that, in the country. Then I quit, that's it. Later, I'd always tell my mom that the last job I'd ever want would be in the country, it was terrible, I didn't like it at all and when I'd fall asleep my grandma would hit me on the head with a little mound of earth. I remember trying to suck up to my grandma, sucking up, trying to get her to like me, I'd do her a favor, but just like that, she wouldn't have to tell me to do it. So, I'd clean her whole house, everything, I even left the ditch nice and clean. And when she got there, she gave me a piece of penny candy, she just gave me a lollipop and yeah, I was disappointed, but it was also really funny.

Right, so I kept working in the country with a man who grew roses. I went to work and something awful happened. I was grafting the roses, and there I found under one of those shrubs, in a bush, I found a snake, and I ran out of there, ran out of the field. I was very, very, very scared. I went back where my boss was and I told him to pay me and that was it, I left 'cause of that snake and I never went back.

After I left the rose farm, I went to a blacksmith and the same thing happened. I went, supposedly to do welding, I went to see how to weld and I saw a tiny spark fly and I was out of there. That was the last day that I worked because all the other days I was just cutting bits of iron; that day because they were welding, supposedly so I could learn but I didn't go back the next day because my eyes were swollen, they got inflamed. My mom, over there we use home remedies, my mom put potato slices on my eyes and I spent a whole day like that and yeah, the swelling passed. She also put in a drop of *Dedo de Dios*, the healing juice from the plant, and that's why it went down. That was the job I was at the shortest, I only lasted a week. Then I went to work with my dad, at the body shop, but I felt uncomfortable because I didn't like it. Just the simple fact I had my dad nearby and he was going to scold me. No, I didn't feel comfortable, I lasted about a month, but it didn't work out and I left. After that I went to work at a mechanic's and there were more problems. My brother got involved, Jordi showed up and started to play with that little white stone the spark plugs have, they use those stones to steal. I told my brother that those break the windows on the car, and my brother said, "I don't believe you." And I said, "They do. Don't throw it." There were lots of cars around and I said, "You're not going to throw it." And he took it and threw it into the wind and hit a car that was there and broke the window. So, out came the owner and he asked us what we had done and he charged us for the window, the window was worth more than 2,000 pesos.

We both had to pay for it, we were working for almost a month for free. We paid for it. Jordi, forget it, he only laughed. I told him he had to go. They fired him, but not me, I thought. I show up the next day and they say, "No, you're fired, too."

"But my brother did it," I said.

"No. Both of you." With that, I went home.

I went for about a week without a job. I helped my mom around the house doing chores, making the beds, sweeping, dusting, etc. Then I'd help her cook or do the laundry. She taught me how to do all of it. She'd say, "Learn how to do laundry, or to cook an egg, to iron, that way, if one day you're bachelors, you live alone, you'll know how to do it, you won't have to depend on a woman to do things for you." Yeah, she's right.

After that I went to work at a carpenter's shop, I started out as sanding down the furniture and from there they promoted me to other jobs. It was going well, and they took me to the carpenter's shop itself, where they make the furniture and everything. I liked that job where the wood came in square blocks and I learned how to use the saw, take the measurements and make the furniture. I learned all that with a cousin of mine named Ricardo, then he quit because he was coming to the United States. I worked with him for three months, and then I worked with another mentor. With the money I earned, I helped my mom. I gave her half, half for her and half for me. Of course, sometimes my mom would say that I needed clothes, and not to give her any money that day. So I went and I spent it on clothes. I didn't like to dress like everybody else,

I wanted to look good, with brand-name clothes. I'd get them in boutiques and then I'd have to save for a few weeks to be able to buy anything, of course it was expensive, I need to get together around 2,000 pesos, but it was worth the sacrifice.

More than love

Then I got the idea of coming to the United States. I came excited to help my family but also for me, because I have a girlfriend named Wendy, and that made me think about my future, because I wanted to make something with her, but for that I'd need more than love, money. I was almost 16 and living with my mom but I decided to come to the United States, it was very painful but I knew that in order to realize my dreams I had to go through it.

The journey to the United States was a little difficult. My mom helped me out and my dad too. My dad got in touch with the *polleros* who said it was fine, there was room for me. They told us they were going to charge us 2,000 dollars. We told them that was fine and they gave us a departure date. In order to pay, some relatives that I have over here lent us the money.

I came in April of 2003. We left in a truck, from there to Atlixco to Mexico City. From the airport in Mexico City we took a plane to Juarez. The plane makes you nervous, it stretches your stomach, it's scary, very, very scary. Then, along the flight it was even worse with the turbulence. I saw in the movies that whenever there was turbulence, the plane crashed. So, I got down on my knees and begged for the plane not to crash. It makes you really nervous.

We got to Juarez and there were trucks waiting to take us. They took us to a hotel and we stayed there a week. There were 18 of us, my cousin was there, yeah, my cousin Ricardo, the one who came earlier couldn't get through the first time, so they came back and that's how I had the opportunity to come along. That's why I came, yeah, my cousin Ricardo, Eleazar and his wife Rocio, oh, and a cousin named Emilio. Most of us were from Puebla. They got all of us out of the hotel and into taxis to the border to go across.

On the other side
The border is like the desert, a wasteland. We crossed and the *pollero* told us that the trip would take us two days at the most and those days passed and we still couldn't cross. Food was running out, water. Two cans of tuna fish, four apples and a package of flour tortillas, oh, and a gallon of water, that's all that they gave us and it was starting to run out. It was hard to sleep, it could have been anywhere, but they preferred wherever there were cliffs. We'd all squeeze in there like bunnies, it was freezing, I mean, during the day it's really, really hot and at night it's really, really cold.

I remember one special story. When were going to cross a bridge where the border patrols are, the *pollero* told us that someone skinny needed to go out. And, I mean, everyone looked at me and he said, "Look, you're going to put this sweatshirt on your head and take this stick."

And I say, "What for?"

He says, "Put it on and go around hitting the ground."

"But why?" And now that I am already in the

tunnel he says, "So if there are snakes you'll scare them away." And so, all scared, I had to do it. I was already inside the tunnel about half way when I heard, "The *migra* is coming," everyone ran and I went to the other side and hid in the bushes.

Now I was in the United States. When I crossed, I remember two other people crossed with me. We hid and took about an hour waiting for the others to pass. We were heading for a ranch, where we were going to arrive and some trucks were going to pick us up. When we got to a town here in Arizona, we settled into an abandoned house. We arrived at dawn and it was dark out; suddenly we were startled by two guys who came out like that, out of nowhere, from down there, from the basement. They said they were dying because they'd been there three days without water or food since the trucks hadn't come and picked them up yet. We were scared because, yeah, they sound like crazy people, we gave them food and water and we went to sleep.

The next morning, I heard people yelling at us in English, for us to come out of there. It was the immigration police. I woke up my cousin Ricardo and I told him to sneak a look. When we peeked out the window this woman took a piece of a plank and threw it at us so that we'd come out. We came out. It was the police, the *migra*. Then they took our fingerprints and everything. We climbed onto the trucks and they took us back to Juarez and threw us out.

From there, we came back again, we tried again. Arriving in the same town, they caught us again, but this time it was in a church. I remember we got there, to the town, and we saw the police wandering around, we went to hide next to a church where there were trees but suddenly I saw all the lights in the church come on. The police came and took us. Back out again, sending us back, they put us on a bus heading back and they made fun of us. Me, the one that caught me was tall, fat, white. He told us, "Don't you worry. We'll be waiting here for you." Because it was the same officer, he recognized us now.

We came back the third time but we want a different route and arrived at a ranch. Throughout the entire trip, they kept giving us the same food, the same stuff over and over again. We arrived and a small truck came to pick us up at the ranch. It got there and they don't say anything but, "Whoever gets left behind, gets left behind." It was dawn and when suddenly a little truck stops and he shouts, "Now" Everyone ran, we squeezed in however we could, we looked like sardines one on top of the other and they put a few *cherack* leaves over us and a wheelbarrow. Everything covering us up. And the whole way you're scared, you don't know, you can't see what's happening outside.

The trip lasted six hours, we felt like we were about to suffocate, one laying down on top of the other in rows, perfectly still for six hours. When we were about to arrive in Las Vegas, at a McDonald's, we changed cars and they put us in a luxury car, we stuffed in and they took us to a hotel. Arriving at that hotel there were another 18 people –apart from us– in the same hotel room.

They told us to fix ourselves up. We took a bath and the *pollero* said, "There's a problem. Your clothes are in really bad shape." We say, "So, now what?"

"I'll be right back, we're going to throw out those

clothes. I'm going to buy you some clothes right now."

When he said that he was going to buy us clothes I imagined something nice but when the guy came back with a big black bag that still had the price on it, ten dollars for the whole thing, he opened and said, "Take what you can, whatever fits you," I was disappointed. There were t-shirts and pants two or three sizes too big, a friend of mine got a raw deal, the pants all tight but because of this extra billowy fabric they looked huge. He looked like a clown. On top of which, the t-shirts were in very attention-grabbing, phosphorescent orange, pink, lime green. No, it was horrible, we looked worse. Then if we were tall, what else was there? We got dressed and the next day we went to the airport in Las Vegas, they took us in a truck and left us there.

Black, burned from the sun

In the airport the *pollero* told us to check our tickets. We got there and they asked for our ticket and we got on the plane. Then, I'm not sure, something happened and they took all of us, every one of us, off. We were standing there, nervous because the *pollero* wasn't there, just us. Luckily, my cousin had already been here and he knew what was going on. We got on the plane and arrived at an airport in a different state. We got off the plane and everyone just stared at us because we were nearly black, burned from the sun, and to top it all off, wearing this colorful clothing. The *pollero* told us that the change of clothes was so that we'd look better, but no, we just called more attention to ourselves.

Some other cousins were waiting for me here, in Queens. My cousin Eleazar talked to my other cousins here in Queens. The *pollero* took my cousins' house and they paid him and that's where I stayed.

When I first got here, I liked living in the United States a lot, after a week I started working in construction but I only lasted a month. I left there and went to work in a restaurant and I started out as a dish-washer and then as a cook and I like that job a lot. During this time, I started to get really rebellious, I had problems with my cousin Ismael because I don't like anybody to tell me what to do, I just don't like it. But now, well, now I've changed, my cousin was right, now I see that my cousin was right.

I was helping my mom out with that job, I was sending her money. I gave myself just enough to buy clothes, that's it. My brothers kept going to school, well, not Jordi, he was working over in Mexico City. Omar is still in school, Brenda too, and Andy's in kindergarten. My dad's in Mexico, but he hasn't hit my mom…and my mom hasn't gotten drunk, my dad has but not that often. That's why I want to send them money, to do something, I support my brothers from here, to stay in school, if they need something, they can ask me for it. Because I know what happened with me, I didn't ask for it. If they need something, they should ask my mom and I'll send it to them, no problem.

I admire her bravery, she never gives up

I love my mother very much, I admire her bravery, she never gives up. That's why I like to talk about her so much. My mom has always given us what we needed. Like when she had money to buy herself something, she didn't buy anything. She preferred to spend it on us. She had shoes that lasted her for two or three years, she didn't buy new ones, she wanted to spend it on us instead of on herself. My mom is the best thing that's ever happened to me and with her I wouldn't know what a true mother really is. I love her very much.

I tell my mom everything, what I've done, and she's always been there for me. She was the one that helped me with everything, everything, she protected me, she defended me. I'd tell her my inner thoughts and she'd give me advice, something that I'd never do with my father, maybe because he never tried to talk to me like that. My mom has always been open-minded, she can talk about anything, anything, once she even sat us down and talked to us about sexually transmitted diseases. Something that my father wouldn't, he'd hear that and be like no, no, it'd be weird.

What I have in mind

I hope I can get to do what I have I mind, build a house. I have a little money in Mexico and I hope that when I got a little bit more I'll be able to do it. I think I'm going to get deported but I'll come back and get in, it's the only way, I don't want my dream cut short. The house and a little money and once again, a world of adventures!

I have a family that supports me, that won't leave me. My cousin, the one I rebelled against, he helps me out as much as my other cousins, the ones I live with now, and the ones that I came with. I didn't know the cousin I rebelled against before, I got to know him here and I know that I acted wrong with him and I want to make that right. Now I understand that the only reason that he was telling me what to do was for my own good, he didn't say it to be the bad guy. Now he's the one who's there for me.

I've also got a dream for my girlfriend Wendy in Mexico. She's there waiting for me, but now I don't know what's going to happen. If I have to do time, well, I'll lose one of my most important dreams—her. But I have to keep in mind that I wouldn't want her to be with me out of pity, I wouldn't want that. She has the right to be happy, even though it hurts to accept it.

The older, the wiser

Life in the United States has left me with some good stuff, being more independent, following my mom's example, not depending on anyone else, all by myself, all on my own. On the bad side, this is where I tried cocaine for the first time, someone offered it to me and I tried it but then I felt awful. So, I never touched the stuff again, I regret it and I wouldn't recommend it to anyone.

If I could talk to the kids who want to come to the United States, I would tell them to listen to the advice from the people who love them. You've got to listen, especially if they're older than you. It's because, I don't know, these days young people think that they're better than everyone else, than older folks. Their thinking is, "Why should I listen to this geezer?" and it's not for nothing that they say, "the older the wiser," it's true, that's why I'm here because I didn't listen to their advice.

I can only tell the people who are reading this book than they should never stop fighting for what they want, they should put in their best effort and keep going but never forget the people who love them, first and foremost their mother, because without her they wouldn't be what they are today. Tell her how much you love her because the day that you don't have her anymore, you'll be sorry and maybe you'll remember what I've told you in this story.